ŚWIAT PEŁEN ŚMIECHU

Dolly Sen

Dolly Sen

All rights reserved, no part of this publication may be reproduced or transmitted by any means, electronic, mechanical, photocopying documentary or film without prior permission of the publisher or author.

Published by
Chipmunkapublishing,
PO Box 6872
Brentwood,
Essex CM13 1ZT
United Kingdom

Copyright © 2010 D Sen
Cover designed by Isaac Quaye

Translation by W Drodze Poland
Co published with by W Drodze Poland

Chipmunkapublishing gratefully acknowledge the support of Arts Council England

ŚWIAT PEŁEN ŚMIECHU

Dla Taty
z mnóstwem miłości, okruchem
pokoju i szczyptą cierpienia

Przełożył: Janusz Ruszkowski „Zaczęłam pisać tę książkę jako list pożegnalny samobójczyni, skończyłam jako hymn ku czci życia".
Dolly Sen

„Ta książka uratuje życie wielu ludziom".
Jason Pegler

Dolly Sen

ŚWIAT PEŁEN ŚMIECHU

Podziękowania

Dziękuję Jasonowi Peglerowi, autorowi *A Can of Madness*, za inspirację do napisania tego pamiętnika; mojej rodzinie, która śmiała się razem ze mną na złość cierpieniu; Judith Johnson; dr. Thomsonowi, dr. Mastertonowi, Rachel Murary, Chrisowi Hartowi i Nadirowi Mothojakanowi — za to, że są najpierw ludźmi, a dopiero potem lekarzami; wszystkim z ośrodka First Step Trust, ale szczególnie Stuartowi Mckee; Charlesowi Bukowskiemu, Henry'emu Rollinsowi i Jackowi Kerouacowi — za przykład, że każdy może pisać swoje życie w swój własny sposób; Buddzie za instrukcję obsługi życia; i rodzicom — za życie.

Dolly Sen

ŚWIAT PEŁEN ŚMIECHU

Przedmowa

Świat pełen śmiechu to przejmująca opowieść o walce kobiety z przemocą w rodzinie, uprzedzeniami i systemem lecznictwa psychiatrycznego. Dolly opisuje rzeczywistość osoby, u której rozpoznano schorzenia psychiczne. Jeśli się do tego dołoży serię przerażających doświadczeń, które stały się jej udziałem, to niełatwo pojąć, gdzie znalazła siłę, żeby przejść przez to wszystko, zachowując tyle optymizmu, energii i wewnętrznego ciepła.

Pamiętnik Dolly Sen to historia pacjentki szpitala psychiatrycznego, która wpadła z przelotną wizytą do reszty społeczeństwa. Historia opowiedziana jasnym, niemal przejrzystym językiem, a przy tym niezwykle zajmująco, z urzekającym wyczuciem ironii.

Nigdy nie zapomnę, jak się czułem, kiedy skończyłem ją czytać. Jeszcze pół godziny później miałem policzki mokre od łez. Ta książka uratuje życie wielu ludziom.

Jason Pegler
Autor *A Can of Madness* i założyciel Chipmunkpublishing

Dolly Sen

ŚWIAT PEŁEN ŚMIECHU

Prolog

„Człowiek... to książka czytająca samą siebie".
P.N. Furbank o Diderocie

Jestem nienawiścią do samej siebie, otoczoną przez lustra. Nie takie szklane lustra, których tyle wytłukłam, że pech mnie nie opuści, choćbym żyła tysiąc razy. Nie — to lustra oczu, które bezustannie mnie śledzą. Lustra, które mają imiona i dusze. Lustra, które się uśmiechają i kłamią.
„Masz oczy jak tata i kłamiesz jak tata. Musisz z sobą skończyć!" — słyszę natrętne głosy. Czy wspomnienia mogą zamienić się w psychozę? Niektóre parzą mnie jak rozżarzone żelazo. Pisząc ten pamiętnik, muszę się strzec, żeby nie zamienił się w list pożegnalny.

Mój ojciec był aktorem i muzykiem, więc wychowywałam się wśród ludzi z branży rozrywkowej. Ojciec uważał się też za komika, ale śmiech rzadko gościł w naszym domu.

Moją pierwszą rolą filmową, którą pamiętam, było statystowanie w *Imperium kontratakuje*. Planem filmowym było wnętrze stacji kosmicznej i wszędzie roiło się od pokracznych stworów. Nie wiedziałam, że to się dzieje na niby — byłam pewna, że to dokument. Dwadzieścia lat później mój umysł też opuścił Ziemię.

Z nożem w ręku stoję nad śpiącym ojcem. Widzę w nim straszliwego „obcego", który czyha na moją zgubę, dlatego musi zginąć. Chcę uderzyć go nożem prosto w twarz. „Ten się śmieje, kto się śmieje ostatni" — mówię. Nie dbam, że to mnie doprowadzi do czubków lub samobójstwa. Jak to ujął mój psychiatra, „Dolly, twój następny przystanek to pokój bez klamek". Nie dbam o to, bo robię, co robię, żeby przeżyć. Tak trudno to zrozumieć?

Patrzę, jak śpi i czekam na odpowiedni moment, żeby go zabić. Czekam. Czekam. Odór jego potu, resztki jedzenia w brodzie i plwociny na podłodze tylko podsycają wzbierający we mnie gniew. Wznoszę nóż, gotowa zatopić go w tym ludzkim śmieciu. Ze ściany wpatruje się we mnie inna para oczu. To moje zdjęcie z dzieciństwa, uśmiecham się do obiektywu. Trzykrotnie zbieram się w sobie, żeby wbić nóż w głowę ojca, ale dziecko mnie obserwuje i nie mogę się na to zdobyć. „Przepraszam, że robię z ciebie morderczynię — mówię do fotografii. — Kiedyś byłam dzieckiem, małą dziewczynką..."

ŚWIAT PEŁEN ŚMIECHU

Część 1

Mała dziewczynka

Moi rodzice poznali się w pubie na dworcu kolejowym Victoria latem 1968 roku. Mama „migała" ze swoją przyjaciółką, która też była głucha, a ta przyjaciółka co chwila ją trącała, powtarzając: „Ten hinduski przystojniak przy barze ciągle się na mnie gapi".

Gapił się, ale nie na nią, tylko na moją mamę, dwudziestojednoletnią Szkotkę, która właśnie przeprowadziła się do Londynu. Była ubrana jak hipiska, z wzorzystą chustką na ogniście rudych włosach, kontrastujących z zielonymi oczami. Mama pokazała mi swoje zdjęcie z tamtych czasów. Trochę przypominała Janis Joplin. Z kolei ojciec wyglądał jak hinduski Elvis Presley. Gdyby ktoś się kiedyś zastanawiał, jak mogłoby wyglądać potomstwo Janis Joplin i Elvisa, to wystarczy, że przyjrzy się mi i mojemu rodzeństwu.

Tata podszedł do ich stolika i zapytał, jak w języku migowym powiedzieć: „Czy macie ochotę na drinka?". Nauczyły go. „Macie ochotę na drinka?" — zamigał niezdarnie. Przyjęły zaproszenie.

Powiedział, że czekał na kumpla, ale ten się nie zjawił. „Jak masz na imię?" — zapytał moją matkę, obracając się do niej tak, żeby mogła czytać z jego warg, i tym razem ignorując jej przyjaciółkę. „Heather" — odparła.

„Ładnie. Ja mam na imię Egbert, ale przyjaciele mówią mi Chicko, bo jestem bardzo niegrzeczny" — wyszczerzył zęby w uśmiechu.

Dolly Sen

Chodzili ze sobą kilka lat. Chicko znalazł Heather posadę w biurze, w którym sam pracował, w dziale zaopatrzenia domu handlowego Barkers. W weekendy dorabiał w telewizji, grając tradycyjną muzykę hinduską w pierwszym azjatyckim programie nadawanym przez BBC. Z tym czasem wiąże się pewna anegdota, którą lubił opowiadać. Klientką Barkersa była księżniczka Małgorzata, która nie śpieszyła się z uregulowaniem rachunku. Mój ojciec wysłał do jej sekretarza ostre upomnienie, a ten poskarżył się w dyrekcji sklepu. Ojciec za to oberwał, ale miał nielichą satysfakcję, że utarł nosa członkini rodziny królewskiej.

Wiosną 1970 roku mama odkryła, że jest w ciąży. Nie wiedziała, jak o tym powiedzieć ojcu. Nigdy przedtem jej nie uderzył, ale był taki porywczy. No i miała świadomość, że jego rodzina nie akceptuje ich mieszanego związku. Kiedy mój tata się dowiedział, wściekł się i zapowiedział, że nie chce jej więcej widzieć. „Chcesz mi zrujnować życie" — oznajmił. I odszedł. Coś jednak kazało mu się zatrzymać i jeszcze raz spojrzeć na mamę. Płakała i wyglądała tak samotnie. Kto się zaopiekuje ciężarną, głuchą babą? — pomyślał. I wrócił. „To był największy błąd w moim życiu" — powtarzał z lubością.

Wkrótce potem wzięli ślub w urzędzie stanu cywilnego — mama w sari i hinduskiej biżuterii, tata w angielskim garniturze. W tamtym czasie jedynym krewnym taty życzliwie nastawionym do mamy był jego młodszy brat o ksywce Baba. Został ich drużbą.

ŚWIAT PEŁEN ŚMIECHU

Urodziłam się w szpitalu Mile End w Stepney przy dźwiękach kurantów z wieży St Mary Le Bow. Byłam dwa tygodnie „spóźniona" i poród musiał zostać sztucznie wywołany. Kilka tygodni wcześniej stwierdzono nieprawidłowe ułożenie płodu. „Dzieciak nie chce się urodzić" — powiedział mamie lekarz. Ostatecznie jednak płód sam się przesunął.

Po ośmiogodzinnym porodzie świeżo upieczony położnik wydobył mnie na świat. Przecinając pępowinę, niechcący drasnął mnie skalpelem. Do dziś mam bliznę na brzuchu.

Tata spędził poród w pubie, opowiadając wszystkim, że będzie miał syna, który odziedziczy jego nazwisko. Rzucił pracę w domu handlowym, żeby skupić się na muzyce. Kiedy w końcu wtoczył się na oddział, dowiedział się od pielęgniarki, że ma córkę. „Dziewczynka! W mojej rodzinie już i tak jest za dużo dziewczynek". Ale to rozczarowanie — jak wspominał — wyparowało, kiedy mnie zobaczył. Podobno pokazałam mu język.

Kobieta z sąsiedniego łóżka nie odrywała oczu od telewizora. Jej mąż był policjantem, a tego dnia, kiedy się urodziłam, wybuchły rozruchy na tle rasowym. Policjant w pełnym rynsztunku wpadł z rumorem do sali, żeby uścisnąć żonę i mnie obudził.

Szpitalna zakonnica polubiła mnie od pierwszego wejrzenia. Powiedziała mamie, że z wszystkich niemowlaków najgłośniej płaczę, ale zarazem najczęściej się uśmiecham. Brała mnie na ręce i znikała na całe godziny.

Musiałam zostać w szpitalu trochę dłużej, bo dostałam żółtaczki i kiepsko jadłam. Moja waga

Dolly Sen

spadła z trzech kilogramów do ledwo dwóch i ćwierci. Żółtaczka jednak się cofnęła, odzyskałam apetyt i wkrótce opuściłam szpital. Otrzymałam dwa imiona: Dolly Norah po moich dwóch nieżyjących już wtedy babciach.

Zanim skończyłam roczek, mieszkaliśmy na Brick Lane, na East Endzie, w jednym pokoiku, w towarzystwie myszy. Rodzice coraz częściej się kłócili, bo tata wracał tylko na noc, a tę niewielką ilość gotówki, którą dysponowali, przetracał na alkohol, chociaż w domu czasami brakowało jedzenia. Mama wiedziała, że ojciec lubi wypić, ale to było dla niej nowe doświadczenie. Miała wrażenie, że odkąd się urodziłam, zaczął się ukrywać przed życiem. Jedyną przyjaciółką mamy była żona lokalnego gangstera, kumpla braci Kray. Dbała, żebyśmy z mamą nie były głodne i opieprzała tatę, ilekroć go spotkała. Ojciec także znał bandziorów z East Endu i kilka razy to wykorzystał. Na przykład, kiedyś wywalono go z pubu za kolor skóry; wkrótce zjawili się tam chłopcy z gangu i zrobili trochę bałaganu.

    Czasem tata chodził do pubu gangsterów ze mną w wózku. Właściciele nigdy nie omieszkali wrzucić coś do wózka i nieraz uzbierało się 50 funtów, co było wielką kwotą jak na tamte czasy. Tata odpalał mamie parę funciaków, a resztę zatrzymywał dla siebie.

    Kiedy ząbkowałam, ojciec wywiesił mnie za okno, trzymając za nogę i grożąc, że puści, jeśli nie przestanę płakać. Później często opowiadał mi o tym z nieskrywaną dumą.

ŚWIAT PEŁEN ŚMIECHU

Niedługo potem rodzina ojca zmieniła zdanie i uznała mamę i mnie za swoich. Wyszukali mieszkanie w swojej okolicy, w Streatham w południowym Londynie i zaproponowali, żebyśmy tam zamieszkali. Ojciec się zgodził, ale nic z tego nie wyszło, bo pokłócił się z właścicielem i kiedy rodzice pewnego razu wrócili z wycieczki, zastali cały swój dobytek na ulicy. Udali się więc do opieki społecznej w Lambeth i otrzymali przydział na tymczasowy lokal, a po miesiącu dostali przestronne mieszkanie komunalne właśnie w Streatham.

Streatham było niegdyś rzymską osadą, potem wioską w hrabstwie Surrey. Za mojej pamięci zamieniło się z białego przedmieścia, zamieszkanego głównie przez klasę średnią, w wielokulturowy odprysk metropolii. Ta zmiana znalazła odbicie w moim akcencie. Kiedyś mówiłam jak dama. Później, w latach osiemdziesiątych, Streatham niepostrzeżenie zostało wchłonięte przez śródmieście i w rezultacie nabrałam akcentu londyńskiej biedoty, który został mi do dziś. Kiedy jednak zajdzie potrzeba, na przykład, muszę gdzieś zatelefonować, to potrafię wrócić do tamtej wytwornej dykcji. Obecnie, czyli w 2002 roku, zaczęli się tutaj wprowadzać młodzi, wykształceni ludzie i dzielnicę znów przejmuje klasa średnia.

Nasz nowy dom znajdował się o rzut kamieniem od Streatham Common, miał ciekawą historię i niesamowity klimat. Był częścią wielkiej budowli, w której dawno temu mieścił się klasztor, stąd nazwa: Coventry Hall. Podobno straszył w nim duch jakiejś

Dolly Sen

mniszki. Z dorosłych mało kto go widział, a ci co widzieli, kończyli w szpitalu dla obłąkanych w Tooting Bec. Natomiast widziały go prawie wszystkie dzieciaki, łącznie ze mną, chociaż tego nie pamiętam. Pewnego razu mama zobaczyła, że gadam do ściany. „Z kim rozmawiasz?" — spytała. „Z zakonnicą" — odparłam. To było fajne miejsce, z mnóstwem miejsca do biegania, ale opanowane przez hordy myszy. Kiedyś znalazłam dwie w moim łóżeczku, chrupiące resztki starego herbatnika. Dziesięć lat później Coventry Hall zburzono i jego miejsce zajął urząd kwaterunkowy. Nie wiem, czy duch zakonnicy nadal tam urzęduje.

Jako dwulatka, wpadając w złość, wydawałam z siebie najgłośniejsze wrzaski w naszej części półkuli. Klapsy mojego ojca stawały się coraz mocniejsze, ale siłą nie dało się mnie uciszyć. Rodzice musieli mnie przekupywać słodyczami i zabawkami. A kiedy akurat byliśmy w pubie, tata częstował mnie swoim Guinnessem. Ilekroć napełniał szklankę, pozwalał mi spić pianę — z całego piwa tylko to mi smakowało. Byłam też upartym maleństwem. Kiedyś na zakupach postanowiłam, że sama poniosę dwulitrową butlę soku pomarańczowego, niewiele niższą ode mnie. Rodzice proponowali, że mnie wyręczą, ale ilekroć próbowali mi ją odebrać, darłam się wniebogłosy. Podobno zamiast pięć minut, wracaliśmy do domu pół godziny.

Potrzebowałam tylko kilku dni, żeby zniszczyć dowolną zabawkę, pchana ciekawością, co też jest „w środku". Rodzice kupili mi replikę konduktorskiej

ŚWIAT PEŁEN ŚMIECHU

maszynki do biletów, a ja w autobusie podążałam śladem prawdziwego konduktora, obdarzając pasażerów własnymi biletami w zamian za cukierki. „Jaka spryciula!" — stwierdził jeden z podróżnych. Po powrocie do domu postanowiłam sprawdzić, jak działa cudowna maszynka i — ku rozpaczy rodziców — zepsułam ją. Z upływem czasu tata był coraz bardziej rozeźlony. Niszczyłam wszystkie zabawki. Nienawidziłam lalek, każdej urywałam głowę lub bazgrałam długopisem po twarzy. W końcu rodzice odkryli zabawkę, która przetrwała więcej niż kilka dni. Lego. Tych klocków nie da się zepsuć, można z nich tylko budować.

Pewnego dnia mama przyniosła mi inną lalkę. Miała ona skórę podobną do mojej i często płakała. Mama powiedziała, że to moja nowa siostra, Sheila. Nie mogłam już spać w moim łóżeczku; teraz zajęła je Sheila. Nie spodobało mi się to i dałam jej klapsa. Tata dał mi mocnego klapsa, żebym się nauczyła, że nie wolno dawać klapsów. Kiedy brali Sheilę na ręce, chciałam, żeby mnie też wzięli. Bezustanny płacz kiwającej się w łóżeczku, rocznej Sheili doprowadzał tatę do szału. Zaczął bić mamę. Pół roku później Sheila zaczęła się skarżyć, że boli ją głowa i tracić czucie w lewej połowie ciała. Znajoma mamy z opieki społecznej załatwiła przyjęcie Sheili do szpitala Maudsley. Prześwietlenie wykazało guza w pniu mózgowym. Lekarze orzekli, że konieczna jest natychmiastowa operacja.

Mama, która kursowała między domem a szpitalem, nie miała chwili na odpoczynek i bardzo schudła, więc postanowiono, że ona zostanie przy Sheili, a mną się zajmie tata. Lubiłam jeździć do szpitala, właśnie tam nawiązałam pierwsze przyjaźnie. Puszczona samopas, zwykle biegałam jak szalona po całym oddziale, ale czasem zatrzymywałam się przejęta wyglądem niektórych dzieci. Był tam dzieciak z wodogłowiem — z początku myślałam, że to kosmita. Oddział dziecięcy składał się z jednej dużej sali i dwóch izolatek po obu stronach korytarza. W jednej z nich leżał chłopiec, który został moim przyjacielem. Pierwszy raz się z kimś zaprzyjaźniłam. Był Grekiem, ale mówił po angielsku. Jego rodzice znali tylko grecki. Przysiadałam na jego łóżku i razem coś rysowaliśmy albo układaliśmy puzzle.

Pewnego ranka po zabawie z siostrą pobiegłam na koniec oddziału, żeby odwiedzić mojego greckiego przyjaciela. Nie pamiętam, jak miał na imię. Wpadłam do sali: jego łóżko było puste, a jego rodzice, płacząc, pakowali jego rzeczy. Spytałam, gdzie on jest. Jego matka nawet na mnie nie spojrzała. Wyszłam z sali i zapytałam pielęgniarkę, co się stało z moim przyjacielem.

— Poszedł do nieba, kochanie.

— W niebie jest fajnie, prawda? Czemu jego mama jest smutna?

— Chodź, Dolly. Odprowadzę cię do twojej mamy.

Był na oddziale chłopiec — leżał naprzeciwko mojej siostry — który miał obie nogi w gipsie. Nie pamiętam, dlaczego, ale z jakiegoś powodu nie znosiliśmy się nawzajem. Zawsze się ze mnie wyśmiewał i namawiał inne dzieciaki, żeby zabrały mi jedyną zabawkę — biedronkę na

ŚWIAT PEŁEN ŚMIECHU

kółkach. Mama opowiadała mi, że kiedyś go trzepnęłam, ale tego nie pamiętam; pamiętam za to, że to on postanowił mnie oświecić w sprawie mojego greckiego przyjaciela.
— On nie żyje, głupia.
— Nie żyje?
— Zasnął i nigdy już się nie obudzi. Wsadzą go do pudła i zakopią w ziemi.
Rozpłakałam się.
— Nie, nie. Dlaczego umarł?
— Bo jesteś głupia.
Zapytałam mojego tatę:
— Dlaczego mój przyjaciel umarł?
— Umarł, bo umarł.
Zaczęłam beczeć.
— Cicho bądź, Dolly! CICHO BĄDŹ!
— Czy Sheila też umrze?
Przylał mi w tyłek.
— Nie mów tak!
— Ale czy ona umrze?
— Jeśli będziesz grzeczna i przestaniesz się mazać, Bóg ją uratuje.
Starałam się być grzeczna, ale kiedy ma się cztery lata, to... ma się cztery lata. Kiedy pewnego wieczora wracaliśmy do naszego mieszkania w Coventry Hall, wydawało mi się, że w jednym z mijanych sklepów widzę mamę. Chciałam tam wejść i ją uścisnąć.
— Głupia! To nie twoja pieprzona matka!
— To mamusia, mamusia! — ciągnęłam go do sklepu. Tata wziął mnie na ręce i ruszył do domu. Nie mogłam się uspokoić. Tata potrząsał mną, żebym przestała płakać. Teraz już darłam się,

ile sił w płucach. W końcu tata znalazł sposób, żeby mnie uciszyć.
— Jeśli się nie zamkniesz, Sheila umrze i to będzie twoja wina.
Wciąż płakałam, ale po cichu.
— Mamusiu — chlipałam bezgłośnie.

Czterolatki wierzą, że potwory istnieją. Zjawiają się w nocy i kradną cząstkę duszy. Tata zawsze kazał mi się wcześnie kłaść, nawet jeśli nie byłam śpiąca. Nie było żadnych kołysanek, tylko przekleństwa. Kiedy myślał, że zasnęłam, wychodził do pubu, zostawiając mnie samą. Byłam zbyt przerażona, by spać, i zbyt przerażona, by czuwać. Od śmierci mojego greckiego przyjaciela miałam trudności z zasypianiem, ponieważ bałam się, że się już nie obudzę. Ale czasem lepsza jest śmierć niż tysiące potworów, które bezustannie wylęgają się z otaczającej ciemności. Najgorszy potwór jednak wtaczał się drzwiami, klnąc i bełkocząc. Im dłużej Sheila leżała w szpitalu, tym więcej czasu on spędzał w pubach.

Pewnego razu nie mieliśmy pieniędzy na autobus i musieliśmy iść do szpitala pieszo, a było to ładnych parę kilometrów. Tata zawsze potem opowiadał tę historyjkę wszystkim swoim dzieciom jako dowód, że się o nas troszczy; w przeciwnym wypadku nie zdzierałby zelówek, żeby odwiedzić Sheilę. Nie docierało do niego, że robi z siebie pośmiewisko: że, po pierwsze, zabrakło nam na bilety z powodu jego pijaństwa i że zmusił małego pędraka do tak dalekiej wędrówki; a po drugie, że dowody swojej troskliwości mógłby zliczyć na palcach jednej ręki, tej ręki, którą tłukł nas bez

ŚWIAT PEŁEN ŚMIECHU

opamiętania. Wszyscy widzieli, że tata nie może sobie ze mną poradzić, więc zamieszkałam u jego rodzeństwa, gdzie byłam rozpieszczana przez cały zastęp ciotek i wujków. Wujek Baba pracował jako ochroniarz w National Gallery: kroczył dostojnie z sali do sali, z rękami założonymi do tyłu, i opowiadał mi o obrazach. Takim samym krokiem przemierzał korytarz, a ja za nim, małpując go, mini-ochroniarka.

Tymczasem lekarze postanowili zoperować Sheilę i usunąć guz z jej pnia mózgowego. Odwiedziłam ją nazajutrz po operacji. Miała ogoloną głowę, a na karku zamiast szwów —metalową klamerkę. Przytuliłam siostrę, ale zaraz na mnie nakrzyczano, żebym tego nie robiła. „Ostrożnie!" — mówili wszyscy. Sheila musiała się od nowa nauczyć chodzić i mówić i odzyskać sprawność lewej części ciała. Moja rola polegała na tym, żeby ją do tego zachęcać: pokazywałam jej cukierka, ale nie dawałam, zanim nie wyciągnęła lewej ręki, żeby go złapać. Wkrótce stanęła na nogi i razem ganiałyśmy po mieszkaniu. Cieszyłam się, że nie umarła i odtąd stałyśmy się nierozłączne. Jeśli tylko ktoś wyśmiewał się z jej łysej głowy albo z blizny po operacji, zaraz rzucałam się na niego czy na nią, młócąc swoimi drobnymi piąstkami.

W przypadku taty choroba Sheili okazała się kroplą, która przelała kielich. Popadł w totalny alkoholizm. Nic go już nie obchodziło, nawet muzyka. Zyskał opinię awanturnika i coraz trudniej mu było złapać jakąś chałturę. Im więcej pił, tym bardziej agresywny się stawał. Bił mamę tak mocno, że poroniła w samo Boże Narodzenie. Ja także zarobiłam swoją porcję kuksańców. Niegdyś rozbrykana i hałaśliwa, stałam się apatyczna i zahukana i znów moczyłam łóżko. Do tego dołożył się poważny wypadek: kiedy goniłam się z Sheilą, przewróciłam prymus, na którym gotowało się mleko. Wrzątek poparzył mi prawą goleń, na której cała skóra pokryła się bąblami. Wylądowałam w Szpitalu św. Jerzego. Stoczyłam zaciekłą walkę z pielęgniarkami, które próbowały mnie unieruchomić, żeby opatrzyć mi nogę. Tata usłyszał, jak jedna z nich mówi do swojej koleżanki: „Nie miałam pojęcia, że taki drobiazg może spowodować tyle cierpienia". Zaczynałam się uczyć cierpienia.

Pijaństwo odbiło się na zdrowiu taty — dostał wewnętrznego krwotoku i musiał być operowany. Do dziś się upiera, że to nie przez wódę. „Wszystko przez tę cholerną aspirynę".

Znów trafiłam pod opiekę wujków i ciotek, teraz razem z Sheilą. Zabrali nas do Windsor Safari Park, gdzie popłakałyśmy ze strachu, kiedy małpy urwały wycieraczki w samochodzie wujka. Kiedy odwiedziliśmy tatę w szpitalu, spotkaliśmy też ciotkę taty, którą nazywałam Grapefruitem, bo przy każdej okazji częstowała mnie tymi owocami. Zrugała tatę za pijaństwo i powiedziała do mnie: „Zawsze był niegrzecznym chłopcem".

Mój ojciec urodził się w Bombaju, w Indiach, w roku 1932 albo 1934; mój dziadek nie mógł sobie przypomnieć. Był drugim dzieckiem z sześciorga rodzeństwa i drugim synem dr. Lawrence'a Sena i dr Dolly Sen. Mój dziadek był aptekarzem, a moja

ŚWIAT PEŁEN ŚMIECHU

babka ginekologiem. Zarabiała więcej, niż on, ale to dziadek miał decydujący głos w rodzinie. Babka miała nepalskich przodków i była gorliwą chrześcijanką. Była dobrym człowiekiem, wysokość opłaty za odebranie porodu uzależniała od możliwości finansowych rodziny, a jeśli byli to naprawdę ubodzy ludzie, to nie brała od nich ani grosza. Albo też przyjmowała zapłatę w naturze. Pewnego razu wróciła do domu z dzieckiem, którym rodzice nie mogli się zajmować. Wkrótce je adoptowała. Dziadek był zwolennikiem surowej dyscypliny i to właśnie mój tata najczęściej dostawał lanie, bo też był najbardziej niegrzecznym dzieckiem — wszczynał bójki, kradł, wagarował i w wieku piętnastu lat zaczął pić. Kiedy tata nas bił, powtarzał: „Mój ojciec mnie bił i wyszedłem na ludzi". Dzieci nie powinny za wcześnie uczyć się ironii.

Kiedyś babka musiała zapłacić gangsterom, których tata oszukał, żeby nie zrobili mu krzywdy. Jedna z moich ulubionych historyjek z pobytu taty w Indiach opowiada o facecie, który zjawił się w domu, grożąc, że zabije tatę, bo ten ukradł mu pieniądze. Oprócz taty w domu była wtedy jeszcze tylko ciotka Bella, siostra mojego dziadka. Całymi dniami przesiadywała na ganku, kopcąc jak parowóz. Była lesbijką i miała męskie nawyki. Mój ojciec wyjaśnił jej, w czym rzecz. Ciotka bez namysłu rzuciła się na tamtego faceta i sprała go na kwaśne jabłko. Postąpiłaby tak samo, gdyby chodziło o kogoś innego. Dzieciaki z okolicy uwielbiały ją, bo wiedziały, że zawsze stanie w ich obronie. Strasznie chciałabym ją poznać, ale umarła wiele lat przed tym, zanim się urodziłam.

Dolly Sen

Chyba jednak odziedziczyłam po niej niektóre cechy charakteru. Jestem kobietą, bez dwóch zdań, i dobrze mi z tym, ale mam w sobie męską energię i czuję, że moim obowiązkiem jest chronienie moich bliskich.

Nawiasem mówiąc, tata przyznał mi się, że ukradł pieniądze tamtemu facetowi!

Kiedyś zapytałam ojca, dlaczego tyle razy pakował się w kłopoty. Najbardziej przekonująca odpowiedź, na jaką potrafił się zdobyć, brzmiała: „Nudziłem się". Innym razem powiedział, że był wkurzony na swego ojca, który nie poświęcał mu dość uwagi; przynosząc mu wstyd, tata chciał go ukarać. To możliwe, ale wydaje mi się, że jednocześnie w ten sposób tata dopominał się o zainteresowanie i miłość swego ojca. Nawet teraz, kiedy sam ma już siedemdziesiąt lat, wciąż potrzebuje uznania ze strony ojca, który od ładnych paru lat nie żyje. Sądzę, że tata nie wie, jak się uwolnić od tej potrzeby, albo czym ją zastąpić.

    Dorastając, tata odkrył dziedzinę, w której był dobry. Stał się znanym muzykiem i piosenkarzem indyjskim. Miał nadzieję, że jego ojciec będzie z niego dumny, ale ten okazał mu tylko niesmak i rozczarowanie, stwierdzając, że to niegodziwy zawód, uprawiany głównie przez alkoholików i narkomanów. Tata miał prawdziwy talent, ale jego ojciec udawał, że tego nie dostrzega. Tata nie mógł się z tym pogodzić i był w dobrym nastroju tylko wtedy, gdy pił lub grał. W 1957 roku postanowił wyemigrować do Anglii i zacząć nowe życie.

ŚWIAT PEŁEN ŚMIECHU

Na statku do Liverpoolu dopadła go choroba morska i nostalgia. Najbardziej tęsknił za matką, co noc płakał w poduszkę. Dopłynąwszy do Anglii, podróżował trochę, zanim wraz z rodzeństwem osiadł w Streatham. Byli jedną z pierwszych indyjskich rodzin, które zamieszkały w tej dzielnicy i stali się obiektem kilku rasistowskich napaści: tata musiał bronić swojego brata przed miejscowymi chuliganami. W 1959 roku jego matka zmarła na raka tarczycy. To zupełnie wytrąciło go z równowagi. Jego krewni opowiadają, że odtąd już nigdy nie był tym samym człowiekiem, co przedtem. Coraz więcej pił i balangował. Zresztą nawet dziś potrafi się rozpłakać jak dziecko, kiedy tylko ktoś wspomni jego matkę.

Za dnia tata pracował w różnych firmach jako magazynier; nocami grywał w klubach z zespołem, któremu liderował jako wokalista i fis harmonista. Często się przechwalał, że to on spopularyzował muzykę indyjską w Anglii. Po jednym z koncertów poznał agenta, który zaangażował go do pracy w filmie. Zagrał parę indyjskich kawałków w beatlesowskim *Help*; opowiadał potem, że pokłócił się na planie z Ringo Starrem, który z nich jest lepszym perkusistą. Dzięki takim znajomościom stale był otoczony wianuszkiem dziewcząt. „Mógłbym być z każdą kobietą, z jaką bym zechciał, ale zostałem z tą jędzą, twoją matką. Gdyby nie t y — celował we mnie palcem — byłbym dziś sławny i bogaty".

Moja matka urodziła się jako Heather Milton w Motherwell, w Szkocji, w marcu 1947 roku. Między mamą a dwójką jej starszego rodzeństwa, Mary i

Dolly Sen

Freddy, jest spora różnica wieku, bo ich ojciec walczył w II wojnie światowej. Mama nie była głucha od urodzenia. Kiedy miała dwa lata razem z młodszą siostrą, Ellen, zachorowały na odrę. Obie przeszły ją bardzo ciężko — mama o mało nie umarła. Wskutek powikłania jednak utraciła słuch.

Jej ojciec, Edward Milton, był prostolinijnym i praktycznym człowiekiem. Szkoda mu było czasu na mrzonki taty i powiedział mu to w oczy. Kiedy się spotykali, tworzyło się między nimi wyczuwalne napięcie. Dziadek był robotnikiem w stalowni w Ravenscraig. Pracował w skwarze i brudzie, babcia musiała wyciągać mu z nóg stalowe drzazgi. Oglądając zdjęcia mamy z dzieciństwa, można odnieść wrażenie, że dziadek zawsze był łysy, chociaż to nieprawda. Opowiadał swoim dzieciom o wojnie, w czasie której służył w artylerii — o tym, jak na Bliskim Wschodzie zaatakowała go małpa, jak w Afryce oglądał spreparowaną ludzką głowę, jak zginął jego przyjaciel. Miał tatuaże na ramionach, jeden z nich przedstawiał moją zmarłą babkę. Mama twierdzi, że byli ubodzy, ale szczęśliwi. Dzięki jej matce, która potrafiła ugotować obiad niemal dosłownie z niczego — nigdy nie byli naprawdę głodni.

Jej mama, Margaret O'Dwyer, urodziła się w Dublinie, w Irlandii. Wszyscy jednak nazywali ją Norah. Kiedy była dzieckiem, jej rodzice przeprowadzili się do Newcastle, później ona sama wyjechała do Szkocji, gdzie poznała mojego dziadka. Niewiele wiem o jej życiu, ale nie miała szczęśliwego dzieciństwa. Macocha babki nie bez powodu nigdy nie była akceptowana przez rodzinę. Babka, pielęgniarka z zawodu, była równie

ŚWIAT PEŁEN ŚMIECHU

sympatyczna, jak moja babka ze strony ojca. Podejrzewam, że znały się w poprzednich wcieleniach. Mama była jej ulubienicą, rozpieszczaną i rozpuszczaną. Babka uwielbiała plotki i wróżyła sąsiadkom z fusów. Zmarła dzień przed osiemnastymi urodzinami mamy. Kiedy ją widzieli ostatni raz, nikogo nie poznawała. To wspomnienie prześladuje mamę do dziś. I nadal nie wie, na co umarła. Z jakiegoś powodu nie chce poruszać tego tematu przy swoich krewnych.

Jej lata szkolne były jednym pasmem udręki. Nauczyciele bardziej skupiali się na karaniu jej za głuchotę, niż na uczeniu. Pewnego razu kazali jej założyć słuchawki i podnosić rękę, ilekroć usłyszy w nich brzęczenie. Ponieważ jednak była całkiem głucha, trzymała ją opuszczoną, za co obrywała linijką. Każdemu dziecku, u którego znaleziono wszy, golono głowę, jak owcy, w obecności reszty uczniów. Przez cały czas, od pierwszej do ostatniej klasy, miała tych samych nauczycieli. Odetchnęła z ulgą, kiedy ukończyła szkołę.

    Znalazła pracę, najpierw w sklepie mięsnym, potem jako krawcowa w fabryce odzieży. Jej trójka rodzeństwa wyemigrowała do Australii i Kanady, żeby rozpocząć nowe życie. Potem mama straciła pracę, a jej przyjaciółki jedna po drugiej wychodziły za mąż i się przeprowadzały. Mama też chciała rozpocząć nowe życie, a ponieważ nie było ją stać na podróż za granicę, pojechała razem z przyjaciółką szukać szczęścia w Londynie. Tam szybko znalazły mieszkanie i pracę. Co piątek wpadały na drinka do pubu na dworcu Victoria...

Dolly Sen

Po operacji, na żądanie lekarzy, tata przez jakiś czas nie pił. Potem jednak uznał, że jest od nich mądrzejszy. „Wszyscy, którzy suszyli mi głowę, żebym przestał pić, zmarli w wieku czterdziestu, pięćdziesięciu lat. Bóg jest po mojej stronie. Nic mi nie będzie".
Kobieta z opieki społecznej, zajmująca się mamą była odmiennego zdania. Uważała, że ktoś, kto mało nie umarł wskutek nadużywania alkoholu i beztrosko pije nadal, musi być psychicznie chory. W tym przekonaniu utwierdzała ją mania wielkości mojego taty, który twierdził, że jest najbardziej utalentowanym człowiekiem na ziemi. Kobieta z opieki społecznej uznała, że psychicznie chora jest też moja mama, a to dlatego, że jest głucha i tym samym nie nadaje się na matkę, oraz dlatego, że sądzi, iż świat się z niej śmieje. Świat się śmiał z mamy z powodu błazeństw taty. On zrobiłby wszystko dla śmiechu. Co z tego, że bezustannie upokarzał moją matkę — sama sobie winna, skoro nie zna się na żartach!

Kiedy oboje znaleźli się na obserwacji w szpitalu psychiatrycznym w Preston, razem z Sheilą trafiłyśmy do rodziny zastępczej. Z tego czasu pamiętam tylko tyle, że zastępcza mama nauczyła mnie posługiwać się kołem garncarskim i pomogła ulepić koślawy wazonik, z którego byłam szalenie dumna. Kiedy rodzice zostali wypuszczeni ze szpitala, ofiarowałam wazonik tacie, żeby mu poprawić humor. „Na co mi taki cholerny rupieć?". Zaczął go używać jako popielniczki. Tata powiedział psychiatrom: „Przestańcie zadawać mi kretyńskie pytania. Znam się na tej robocie lepiej

ŚWIAT PEŁEN ŚMIECHU

od was. Wydaje się wam, że kim jesteście?". Jak rozumiem, zostało to uznane za objaw zdrowia psychicznego, bo rodzice nie dostali wariackich papierów. Gdyby ktoś mnie pytał o zdanie, to powiedziałabym, że to cholernie dziwne...
Razem z Sheilą zaczęliśmy wtedy chodzić do przedszkola, z którego okien rozciągał się widok na Tooting Bec Common. Chyba tylko po to, żeby tata miał więcej czasu na majstrowanie kolejnych dzieciaków, które mógłby nienawidzić. Moje wspomnienia z tego okresu są bardzo mgliste, ale parę rzeczy pamiętam bardzo wyraźnie. Na przykład, bohaterów kreskówek Disneya namalowanych na szybie. Pewnego razu wyszliśmy na podwórze za domem i mama powiedziała, żebyśmy nie bawili się na zjeżdżalni, bo niedawno padało i pod zjeżdżalnią stała kałuża. Zgadnijcie, kto nie posłuchał i cały wykąpał się w błocie.

Raz w tygodniu dostawialiśmy na lunch kawałek pasztetu. Do dziś pamiętam jego zapach. Ilekroć go poczuję, zatrzymuję się jak wryta i znów jestem trzyletnią dziewczynką. Często wtedy miewałam sen, który jeszcze teraz czasem wraca. Stoję po środku wielkiego pola złotych kwiatów, w oślepiającym blasku słońca, a anioł kiwa dłonią, żebym szła za nim. Idę i za każdym razem trafiam na coraz większe pole złota. Ten sen zawsze wraca, kiedy jestem bliska samobójstwa lub śmierci. Nie wiem, co oznacza, ale w pewien sposób mnie uspokaja. Nie kojarzy mi się z określonym wiekiem — kiedy śnię, nie czuję się w nim ani jak dziecko, ani jak dorosła. Czuję się wieczna. To niezwykłe, wspaniałe uczucie.

Dolly Sen

Kiedy dopisywała pogoda, chodziliśmy się bawić na błonia Tooting Bec. Można tam było spotkać pacjentów na jednodniowej przepustce z Victorian Mental Hospital — psychiatryka, który znajdował się po drugiej stronie błoni. Przedszkolanki ostrzegały nas, żebyśmy nie zbliżały się do tych pomyleńców. „Mogą wam zrobić krzywdę". Nie wiem, dlaczego, ale mimo przestróg fascynowali mnie ci osobnicy, którzy dziwnie mamrotali pod nosem i twierdzili, że widują Boga. Może już wtedy przeczuwałam, dokąd sama zmierzam.

Starzec z rzadką siwą brodą częstował mnie słodyczami, jeśli poprawnie przeliterowałam wskazane przez niego, krótkie słowo. Przedszkolanki zawsze na mnie krzyczały, że się z nim zadaję. Kiedy tata się o tym dowiedział, poczęstował mnie paroma klapsami i kopniakami. „To niebezpieczni ludzie! Trzymaj się od nich z daleka! Mogą ci zrobić krzywdę!". Tym niemniej przetarł mi drogę do mojej własnej psychozy.

Dobry komik powinien chyba mieć wyczucie ironii. Tata jednak nie dostrzegał ironii w próbach chronienia nas przed światem obcych ludzi, który jego zdaniem był zły i groźny, poprzez wbijanie nam tego do głowy (i innych części ciała) w domowym zaciszu. Sale tortur bywają wyposażone w poduszki, abażury, telewizory i wycieraczki. Dla taty nie było nic niestosownego w tym, że opatruje rany, które sam nam zadaje. Ja szybko pojęłam, czym jest ironia, kiedy zaczął nas tłuc tabliczką z napisem „NAJLEPSZY TATA ŚWIATA", którą zerwał ze ściany — a którą s a m kupił i dumnie tam umieścił parę miesięcy wcześniej.

ŚWIAT PEŁEN ŚMIECHU

Kiedy następne dziecko było w drodze, przeprowadziliśmy się do większego mieszkania w dwupiętrowym domu z czerwonej cegły przy Keymer Road w Streatham. Zajęliśmy pierwsze i drugie piętro; parter należał do pewnego staruszka. Na pierwszym piętrze znajdowały się dwie małe sypialnie, pokój dzienny, kuchnia, łazienka i wyjście do ogrodu. Kręte schody wiodły w górę do głównej sypialni, która stanowiła większość drugiego piętra. Było tam jedno duże okrągłe okno, z którego rozciągał się widok na drogę i bezkres nieba. Z sypialnią sąsiadowały dwie klitki o ściętych sufitach, pełniące rolę poddasza, które my, dzieciaki, nazywaliśmy „ciemnym pokojem". Byliśmy święcie przekonani, że mieszkają tam całe chmary duchów i goblinów, które wychodzą zewsząd, kiedy tylko zaśniemy. Niedługo mieliśmy się przekonać, że w świetle dziennym czają się o wiele groźniejsze demony.

Kenny urodził się w grudniu 1974 roku, tata doczekał się upragnionego syna. Kiedy przekazano mu tę wiadomość przez telefon, wydał z siebie dziki okrzyk i zaczął skakać jak naćpany kangur. Zaraz popędził do najbliższego pubu, The John Company, żeby to uczcić i z konieczności zabrał mnie i Sheilę ze sobą. Zostawił nas przed pubem na mrozie, a sam zniknął w środku, żeby się zalać w trupa. Nie wiem, ile godzin to trwało, ale nam się wydawało, że całe dnie. Tak się spieszył, żeby utopić tę piękną chwilę w alkoholowych szczynach, że zapomniał ubrać nam płaszcze. Zmarzłyśmy tak okropnie, że się popłakałyśmy. „Powinienem zostać ojcem roku!" — stwierdził tata, mając na myśli narodziny syna.

Kiedy nazajutrz przyszliśmy obejrzeć nowego członka rodziny, mama właśnie zmieniała Kenny'em pieluszki. „Mój-mój-sy-nuś" — gugał tata pochylony nad noworodkiem. Kenny nasikał mu w twarz. Gdy tylko ktoś próbował wziąć go na ręce, darł się tak, jakby chciał powiedzieć: „Z daleka ode mnie z tymi łapami". Zaczynałam lubić mojego brata.

Z początku wszyscy spaliśmy w jednej sypialni na drugim piętrze. Ja i Sheila musiałyśmy się kłaść o siódmej wieczorem. Jeśli zlazłam po schodach, skarżąc się, że nie mogę zasnąć, tata chwytał mnie za kark i wlókł z powrotem na górę. Jeśli był w lepszym humorze, opowiadał nam na dobranoc historyjki o małpoludzie wyjadającym mózgi dzieciom, które nie śpią wtedy, kiedy powinny. Razem z Sheilą dawałyśmy nurka pod kołdrę wspólnego łóżka, ze strachu wstrzymując oddech. Gdy wreszcie zbierałam się na odwagę, żeby wysunąć głowę spod kołdry, zawsze sprawdzałam, czy w oknie nie majaczy paszcza małpoluda.

Karmiona takimi budującymi opowiastkami, w nocy często moczyłam łóżko i lunatykowałam. Tata próbował rozwiązać ten mój wstydliwy problem, pokazując sąsiadom zasikane prześcieradła: „Patrzcie, ona wciąż leje do łóżka! Czym sobie na to zasłużyłem?".

Jako aktor i muzyk tata pracował jedynie dorywczo, więc jeśli akurat nie siedział w pubie, to większość dnia spędzał w domu. Cieszyłam się,

ŚWIAT PEŁEN ŚMIECHU

kiedy wychodził do pracy. Mogłyśmy wtedy dowoli się bawić i oglądać telewizję, odpoczywając od jego ciągłego krzyku, że zatruwamy mu życie. Nasze posiłki zwykle były mało urozmaicone, kiedy więc czasem tata wracał z planu filmowego z kubełkiem skrzydełek z KFC albo z hamburgerami z McDonald's, obstępowałyśmy go już od progu, nie mogąc się doczekać przysmaków.

Z upływem czasu tata był coraz bardziej rozgoryczony, że dostaje wyłącznie role statystów. Był wściekły, że świat nie poznał się na jego talencie. Z byle powodu wpadał w furię, a każde spojrzenie na rodzinę tę furię potęgowały. Mieliście kiedykolwiek poczucie, że wzbudzacie w kimś obrzydzenie? Człowiek ma wtedy ochotę zapaść się pod ziemię...

Tata nie pozwalał nam się bawić z dzieciakami z sąsiedztwa. Gdy pukały, żeby nas zaprosić do zabawy, kazał nam się schować i nie odzywać, a sam schodził, żeby je przegonić. Nie wolno nam było z nikim się przyjaźnić. „Przyjaciele zaśmiecają duszę, świat jest pełen złych ludzi — mawiał. — Jestem z wami, żeby was uratować". Tak więc, trzymał nas z dala od okrutnego świata zewnętrznego, aby nam dowieść, że wystarczająco koszmarny jest świat wewnętrzny. Czasem wyglądałam przez okno i obserwowałam bawiące się dzieciaki, ale tylko przez chwilę — to było zbyt bolesne. W tamtym czasie krążyły plotki o lądowaniu UFO w Streatham. Mama twierdziła, że widziała rozbłysk na niebie dokładnie nad naszą ulicą. Kiedy leżałam w łóżku, tuż przed zaśnięciem, marzyłam o latającym talerzu, który mnie stąd zabierze, zabierze do mojego prawdziwego domu, gdziekolwiek się on znajduje. Zaczęłam też marzyć o śmierci, o tym, jaka byłaby cudowna, ponieważ byłaby moja i tylko moja, a ojciec, choćby nie wiem, jak się starał (a starał się, jak wszyscy diabli), nie mógłby mi jej odebrać.

Przeważnie nie wolno nam było się bawić także w domu. Staruszek z parteru skarżył się, że za dużo biegamy. Krótko mówiąc, nie tylko tata uważał, że nie powinniśmy być dziećmi. Pewnie mieli rację. Ponieważ nikt nigdy mnie nie prosił, żebym była dzieckiem, to w gruncie rzeczy nie miałam pojęcia, co to oznacza i chyba nie byłam w tym zbyt dobra.

Znalazłam sobie inne rozrywki, dzięki telewizji. Szalałam na motorze z Evil Kenevilem, przejeżdżałam radiowozem przez witryny sklepowe ze Starskym i Hutchem. Obejrzawszy film o ucieczce z więzienia przez dziurę wyżłobioną w ścianie, popędziłam do kuchni po łyżkę. Godzinę później w ścianie naszego saloniku widniała piękna dziurka wielkości jajka. Wciąż ją pogłębiałam, kiedy tata wszedł do pokoju. „Cholera, co ty wyprawiasz? — wrzasnął. — Ty mała debilko!". Nie rozumiałam, o co się wścieka, zwłaszcza że sam jeszcze powiększył dziurę, waląc w kruszący się tynk moją głową. Gdzie była mama, kiedy to się działo? Przez dwadzieścia osiem lat jej reakcja na agresję taty była zawsze taka sama: darła się ile sił w płucach i na tym koniec; nie próbowała zrobić nic więcej. Rodzice nigdy o tym nie rozmawiali, nie dyskutowali. Szczerze mówiąc, mam wątpliwości, czy w ogóle ze sobą rozmawiali. Tata mówił, co mamy robić, a my wykonywaliśmy polecenie. Kiedyś uderzył mamę tak mocno, że upadła.

ŚWIAT PEŁEN ŚMIECHU

Myślałam, że nie żyje. Tata spojrzał na nas, dzieciaki, wpatrzone ze zgrozą w leżącą mamę. „Ona tylko udaje. Śmiejcie się, gówniarze! No, śmiejcie się!". A my się śmialiśmy. Śmialiśmy się z taty — komika.

Następnego dnia obejrzałam inny film, tym razem o kasiarzu. Zapamiętałam jego metodę. W przerwie na reklamy przykleiłam kawałek plasteliny do ściany; to był mój „plastik". Sznurek był lontem, a pudełko po chusteczkach do nosa — detonatorem. Sheila i Kenny byli moimi wspólnikami. Kazałam im trzymać buzie na kłodki, żeby gliniarze nas nie nakryli. Sheila wytrzeszczyła oczy ze strachu; Kenny piszczał z radości. „Gotowi? Raz... dwa... trzy... BUUUM!" — wrzasnęłam. Sheila zaczęła płakać. Kenny zaczął się śmiać.

Kiedy skończyłam pięć lat, tata stwierdził, że muszę przejąć część obowiązków domowych. Tak więc, zostałam „asystentką" mamy, pomagając jej w praniu, sprzątaniu, opiece nad rodzeństwem. Lubiłam pracować z nią w ogrodzie. Uprawiałyśmy marchew, groszek i pomidory: uwielbiałam patrzeć, jak rosną, nawet jeśli nie były zbyt dorodne. Między dwoma metalowymi słupkami rozciągnięty był sznur do prania. Wspinałam się na kubeł na śmieci i zjeżdżałam po tych słupkach, niczym strażak gnający do pożaru. W ogrodzie wyjątkowo w o l n o nam było się bawić, więc lubiłam tam chodzić. Był mały, obsadzony niskimi krzewami, z wybetonowaną ścieżką po środku, kępą dzikiej róży i warzywniakiem. Większość sąsiadów nie lubiła nas — byliśmy albo zbyt hałaśliwi, albo zbyt kolorowi. Za wysokim brązowym płotem mieszkał facet z ciemnym wąsem, nazywany przez nas, dzieciaki, *Bad man* (czyli „Zły"; w wydaniu Kenny'ego, który miał jeszcze kłopoty z wymową, brzmiało to jak *Batman*). Jeśli wpadła nam piłka do jego ogrodu, to wiadomo było, że nigdy jej nie odzyskamy. „Wędruje prosto do śmieci!" — burczał. Albo mówił: „Diabelski pomiot, cholerne kundle, wasi rodzice mnożą się jak króliki. Nie ma tu dla was miejsca. Ani tu, ani nigdzie! Wracajcie, skądeście przyszli". I raczej nie miał na myśli naszego domu.

Po drugiej stronie, na szczęście, mieszkało pewne małżeństwo, które posiadało maszynkę do robienia lodów. Latem, kiedy byli w ogrodzie, każde z nas mogło liczyć na wafel napełniony lekko już rozpuszczonymi, kapiącymi lodami. Byłam okropnie rozczarowania, jeśli się nie pojawili. Czasem nawet głośno kasłałam, żeby zwrócić ich uwagę, ale bez rezultatu. Nie mogłam się doczekać dnia, kiedy znów poczęstują nas lodami.

Ken może i był upragnionym synem, ale tata szybko się nim znudził — wszystkich nas uważał za intruzów, za utrapienie. Mnie jednak zawsze wyróżniał surowszymi karami, a mama się na to godziła. „To twoja wina — powtarzał. — Gdyby nie ty, zaszedłbym daleko".

„Ja się na świat nie prosiłam" — odpowiadałam. Dacie wiarę? Sam fakt, że żyję, doprowadzał ojca do takiej furii, że miałam dość życia. Czasem mama próbowała go uspokoić, ale to też się obracało przeciwko mnie. „Widzisz? Przez ciebie się kłócimy!".

ŚWIAT PEŁEN ŚMIECHU

Schody na drugie piętro były kręte i wyłożone starym, wytartym chodnikiem. Przeklinałam je, ilekroć stawały się moją jedyną drogą ucieczki przed ojcem. Ileż to siniaków nabiłam sobie, spadając z tych cholernych schodów! A na dole czekała mnie dokładka...

To wszystko sprawiało, że bałam się taty, ale on nie zawsze był taki zły. Próbował nas nauczyć piec *roti* — okrągłe indyjskie chlebki. Wręczył mi i Sheili po małym kawałku ciasta. Pokazał, jak ugnieść je rękami, żeby powstał nieduży placek, a potem ułożyliśmy je w płytkim rondlu. Obserwowałyśmy, jak pełnowymiarowy *roti* taty piecze się obok naszych dwóch, miniaturowych, o pięciocentymetrowej średnicy. Tata pozwolił nam zjeść nasze *roti*, ale ja tego nie zrobiłam: tryumfalnie nosiłam swój chlebek w ręce, aż stwardniał i się pokruszył. Byłam szczęśliwa, widząc na twarzy taty dumę z naszych dziecięcych osiągnięć. Kiedy więc znów szykował *roti*, rzuciłyśmy się do kuchni, błagając o własny kawałeczek ciasta. Tata chwiał się nad stołem z wałkiem w ręce. Placki były niekształtne i dziurawe. „Tatusiu, prosimy, chcemy zrobić swoje *roti!*" — obskakiwałyśmy go przejęte.

„Wynocha! Przez was mi się przypali!". Był pijany, z kącika ust ciekła mu ślina. Co myśli zagubiona pięciolatka? Nie pamiętam, teraz jestem zagubioną trzydziestolatką.

Wtedy czułam się zagubiona, bo tata nie zawsze był niemiły. Pozwalał nam grać na jego instrumentach. Uwielbiał bębnić na swojej tabli. Wybijał rytm palcami na każdej powierzchni w zasięgu ręki, także na naszych głowach. Taki rytmiczny masaż pomagał mki zasnąć. „Tato, proszę, zagraj mi na głowie". A on delikatnie bębnił swoje kołysanki. Nauczył mnie też tabliczki mnożenia i wymowy słowa „Czechosłowacja", przerabiając je na piosenki.

Innym razem zbiłam coś w kuchni i uciekłam, żeby uniknąć kary. Karanie było chyba ulubionym hobby taty. „Dolly! Wracaj, gówniaro!". Stałam na szczycie schodów, zerkając między szczeblami poręczy. „Nie!" — odkrzyknęłam. Poznałam po jego minie, że nie chce mu się ruszyć dupy, żeby mnie dopaść. Nagle gniew odpłynął z jego twarzy, jak woda z kibla. „Okej, Dolly. Przepraszam, że krzyczałem. Zejdź i ucałuj tatę. Przebaczysz mi?".

Oczywiście, że mu przebaczyłam: przecież byłam dzieckiem, a on moim tatą. Zeszłam, żeby go ucałować. Ale otwarte ręce okazały się śmiertelną pułapką. Kiedy tylko znalazłam się w zasięgu jego ramion, wytargał mnie za włosy i zbił po buzi.

Zaczęłam myśleć o ucieczce z domu. Spodobał mi się pomysł życia na ulicy — to byłaby niesamowita przygoda. Nieco wcześniej obejrzałam dokument o brazylijskich dzieciach ulicy, sypiających w kartonach, i choć trudno w to uwierzyć, szczerze im zazdrościłam. Może dlatego, że w filmie nie było widać rodziców. Naśladując bohaterów kreskówek, zrobiłam tobołek z gałęzi i poszewki na poduszkę. Okropnie się namordowałam, zanim udało mi się przywiązać poszewkę do patyka. Wrzuciłam do środka herbatniki, kilka t-shirtów i szczoteczkę do zębów, i zarzuciłam tobołek na ramię. Zeszłam do frontowych drzwi, otworzyłam je, ale bałam się

ŚWIAT PEŁEN ŚMIECHU

wyjść na zewnątrz. Tata mówił, że świat jest pełen demonów i potworów, które nas zabiją i pożrą. Nie mogłam wyjść na zewnątrz, więc zawróciłam do wnętrza domu. Wyobraziłam sobie, że górna sypialnia to tajemnicza kraina, pełna wydrążonych drzew, przez które wiedzie droga do zaczarowanych podziemi.

Od czasu do czasu tata zabierał mnie na nietypowe spacery. Szłam z nim do szpitala i przyglądałam się, jak lekarz usuwa mu narośl na głowie. Albo do pubu, gdzie kazał mi czekać pod drzwiami. Kilka razy towarzyszyłam mu w wyprawie do urzędu pracy w Tooting. Nie pokazywał się w pośredniaku w Streatham, bo nie chciał, aby znajomi się dowiedzieli, że jest na zasiłku. Wszystkim opowiadał, że jest wziętym aktorem i muzykiem, a gdy ktoś twierdził, że go nie zna, potrząsał szyderczo głową. Kiedy pokłócił się z kimś w pubie The John Company, kupował butelkę whiskey i przenosił się na ławkę na Tooting Common. Mnie sadzał koło siebie i zabraniał się ruszać. Na błoniach wciąż można było spotkać pacjentów z wariatkowa, pogrążonych w wielogodzinnych medytacjach, przemawiających w języku gwiazd i demonów. Czasem do nich zagadywałam. Zauważyłam, że zwykli ludzie przechodzą na drugą stronę ulicy, żeby uniknąć spotkania z nimi. Wiedziałam, jak boli taki ostracyzm. Dzieciaki z sąsiedztwa robiły to samo na n a s z widok, uważały, że nie chcemy się z nimi bawić, bo jesteśmy zarozumiali. Pacjenci na przepustce z psychiatryka opowiadali mi o swoim życiu — życiu Jezusa, Boga, Królowej... Nie przeszkadzało mi, że jest wśród nich kilku Jezusów. Podobały mi się ich opowieści. Podobały mi się wszystkie opowieści.

Nieco dalej na Keymer Road mieszkała starsza kobieta, panna Turner, która lubiła grać na pianinie, a ja lubiłam słuchać, jak gra. Pewnego dnia zajrzała do nas i zapytała rodziców, czy Sheila i ja mogłybyśmy uczęszczać do szkółki niedzielnej przy miejscowym kościele. Ojciec, który uważał się za chrześcijanina i często się modlił (o wygraną w totka), od razu się zgodził. Świątynia baptystów znajdowała się przy Hitherfield Road, u stóp wzgórza, pięć minut spacerkiem od naszego domu. Odtąd co niedzielę panna Turner przychodziła, żeby nas zabrać do kościoła. Uwielbiałam szkółkę niedzielną. Tamtejsi nauczyciele byli najmilszymi ludźmi, jakich w życiu poznałam. Szczególnie dobrze wspominam dwoje z nich, małżeństwo Matthews. Pan Matthews miał brodę, a ja w swojej naiwności byłam przekonana, że jest krewnym Jezusa. Grywaliśmy w „wisielca", odgadując cytaty biblijne, i śpiewaliśmy mnóstwo hymnów. W tym czasie już dużo czytałam. Wcześniej mama uczyła mnie za pomocą karteczek z alfabetem; teraz gdziekolwiek znalazłam nowe słowo, na przykład, na opakowaniu płatków śniadaniowych, zaraz pytałam ją, co znaczy. Zaczęłam wycinać słowa skąd tylko się dało i układałam z nich zdania. Potem zabierałam je do szkółki niedzielnej, brałam udział we wszystkich konkursach i często wygrywałam, przynosząc do domu nagrody w postaci naklejek z wersetami z Pisma Świętego. Część ozdobiła meble w mojej sypialni, część tata wziął dla siebie. Jedną umieścił na drewnianym

ŚWIAT PEŁEN ŚMIECHU

oparciu swojego fotela. Słowa „Jestem źrenicą Bożego oka" widniały dokładnie nad jego pijaną, śliniącą się głową.

Obok kościoła znajdowała się szkoła publiczna. Do przedszkola nie chodziłam zbyt długo, szybko przeszłam do zerówki. Przedszkole kojarzy mi się mgliście z piaskownicą i rękami upapranymi farbami. I z piosenkami. Czasem myliłam słowa. Zamiast „Pada deszcz, pada deszcz, pada jak z cebra" wyśpiewywałam: „Pada deszcz, pada deszcz, pada jak zebra".

Dzieciaki śmiały się z mojego imienia. „Dolly? Dolly to lalka! Dolly to lalka![1]". Miałam problemy z nawiązywaniem znajomości. R o z m o w a była dla mnie nowym doświadczeniem. Kiedy dzieciaki coś do mnie zagadywały, stałam jak mumia, nie rozumiejąc, że powinnam odpowiedzieć. Szybko się więc mną znudziły. Czytałam płynniej, niż mówiłam. Tę ostatnią umiejętność nabywałam powoli, opornie i niesystematycznie. Nic dziwnego: z dwóch osób, które uczyły mnie mówić, jedną był bełkoczący i przeklinający ojciec-alkoholik, drugą — głucha matka z ciężką wadą wymowy. Jąkałam się. Dzieciaki się ze mnie śmiały. Wtedy jąkałam się jeszcze bardziej, bliska płaczu ze wstydu. Książki się ze mnie nie śmiały, nie żądały odpowiedzi, więc przeważnie zaszywałam się w kącie, czytając albo malując obrazki — znacznie liczniejsze niż wypowiadane przeze mnie słowa.

---

[1] *Dolly* — ang. laleczka (przyp. tłum.).

Dolly Sen

Uwielbiałam moich nauczycieli w zerówce. Najlepiej pamiętam panią Lyons. Była miła i troskliwa, umiała sprawić, że nauka była przyjemnością i przygodą. Jej pochwały były miodem na moje serce. „Wspaniałe opowiadanie, Dolly" albo „Jaki śliczny obrazek! Powieszę sobie nad biurkiem". Uwielbiałam się uczyć. Wolałam przebywać w szkole, niż w domu. Pisząc to, gorzko się uśmiecham, ale j a wiem, co stało się potem.

Tata w kółko powtarzał, że świat jest zły, ale on, znaczy tata, nas uratuje. Ten zły świat zaczynał się po drugiej stronie drzwi naszego mieszkania komunalnego. Chociaż nie rozumiałam ludzi, nie uważałam, że są źli. Spoglądali na mnie kpiąco i mówili przykre rzeczy, ale zachowywali dystans. Tymczasem setki siniaków zawdzięczałam swojemu opiekunowi. Nie pamiętam przyczyny choćby połowy. Mój ojciec raczej też nie. Tata nie zdawał sobie sprawy, że to on wpuścił zło do naszego domu. Często odwiedzał go jeden z jego kumpli; prawie za każdym razem ten łajdak wykorzystywał mnie seksualnie. Za bardzo się bałam, żeby komuś o tym powiedzieć. W końcu jednak nie musiałam. Złapałam jakąś chorobę weneryczną. Lekarz powiadomił rodziców, że byłam molestowana. W oczach taty ujrzałam takie obrzydzenie i gniew, że chciałam się zapaść pod ziemię. Nie pamiętam, co powiedział, ale ja nie mogłam z siebie wydusić słowa, nie mogłam z siebie wydusić słowa. Potem byłam przesłuchiwana przez nauczycieli, którzy chcieli wiedzieć, kto mi to zrobił. Czy to było w szkole? Zewsząd otaczały mnie wielkie, dorosłe twarze. Na wszystkie pytania

ŚWIAT PEŁEN ŚMIECHU

odpowiadałam „tak", byle tylko się od nich uwolnić. Z tego, co się działo później, zapamiętałam głównie odrazę w spojrzeniach, jakimi mnie obrzucano, zwłaszcza tata.

Stałam się jeszcze większym odludkiem. Plac zabaw był roześmianym światem, a ja sterczałam pod płotem, obserwując, jak się bawią inni. Kładąc się wieczorem spać, modliłam się, żebym się już nie obudziła. Przestałam lubić szkołę, ale do domu też nie chciało mi się wracać. Lubiłam tylko moje książki i marzenia. Jedynym dobrym wspomnieniem z tych czasów są narodziny mojej siostry, Pauli. Dużo do niej mówiłam, kiedy jeszcze była w brzuchu. Mama twierdziła, że Paula mi odpowiadała. W takim razie to pewnie moja wina, że była potem taka gadatliwa. Buzia jej się nie zamykała! Ale to mi się właśnie w niej podobało.

    Często nosiłam moją nową siostrzyczkę na rękach, opowiadając jej bajki. Miałam tylko sześć lat, więc kilka razy ją upuściłam, za co zostałam ukarana. Pewnego dnia rodzice w panice zawieźli ją do szpitala. Myślałam, że to przeze mnie, bo ją upuściłam. Okazało się, że lekarze odkryli dziurę w jej sercu. Znowu więc zaczęły się zabawy na oddziale, ale tym razem z udziałem Sheili i Kenny'ego. Było tam mnóstwo zabawek i koń na biegunach, na którym objechałam cały świat. Pielęgniarki uwielbiały Kenny'ego, a on uwielbiał pielęgniarki. Kiedy znikał nam z oczu, zwykle odnajdywałyśmy go w dyżurce, w ich czułych objęciach.

    Mama czasem zostawała w szpitalu na noc i wtedy tata musiał się zająć całą naszą trójką.

Dolly Sen

Większość pieniędzy wydawał na alkohol, a kiedy już wybrał się na zakupy, przynosił jedzenie, którego nie lubiliśmy. „Tatusiu, nie chcemy omletu". Ojciec miotał przekleństwa i wznosił oczy do nieba: „Boże, za co mnie karzesz takimi bachorami?".

Razem z Kennym i Sheila mieliśmy jedno łóżko, w którym jedliśmy, bawiliśmy się i spaliśmy. Do szkoły chodziłam w nieupranym ubraniu i dzieciaki wołały za mną „brudas". Paula w końcu wyzdrowiała, a ja nabrałam przekonania, że to całkiem normalne, gdy któreś z mojego rodzeństwa w okresie niemowlęctwa ociera się o śmierć. I czułam się taka samotna. Z tego właśnie powodu lubiłam chorować. Zazdrościłam Sheili i Pauli uwagi, jaką im poświęcano w szpitalu. Ilekroć się przewróciłam i zdarłam kolano, szczerze się cieszyłam. Wiedziałam, że w ten sposób zwrócę na siebie uwagę. Marzyłam nawet o pobycie w szpitalu.

Tata miał tego dosyć. Kiedy mama oznajmiła, że chce następne dziecko, tata poszedł do szpitala i poddał się wasektomii. Mama twierdziła, że chciałaby mieć dziesięcioro dzieci, gdyby tylko mogła. Jako nastolatka nienawidziłam jej za wydawania na świat istot z góry skazanych na przemoc. Miałam wrażenie, że kolejne ciąże traktuje jako wymówkę, która zwalnia ją z opieki nad starszymi dziećmi. To było silniejsze od niej. Pewnego razu wydawało mi się, że za płotem z tyłu domu słyszę płacz niemowlęcia. Powiedziałam o tym mamie. Kazała mi tam iść i sprawdzić. „Jeśli to dziecko, przygarniemy je i nikomu nic nie powiemy". Okazało się, że to kot. Mama była tak rozczarowana, że miała łzy w oczach.

ŚWIAT PEŁEN ŚMIECHU

W tym czasie tata mniej nas bił, ale stał się bardziej rygorystyczny. Jeszcze rzadziej pozwalał nam wychodzić z domu. Mogliśmy chodzić jedynie do szkoły, kościoła i supermarketu. „Mówiłem ci, że świat jest zły — zwrócił się kiedyś do mnie — a teraz t y też się stajesz zła". To mu nie przeszkadzało w chlaniu w pubie i pomnażaniu tego zła.

Kiedy rodzice się kłócili, rozpętywało się piekło. Piekło to niemożność zrozumienia (albo zrozumienie niemożliwości). Każde z rodziców chciało, żebyśmy wzięli jego stronę, ale ich argumenty były tak bezsensowne, że za cholerę nie wiedzieliśmy, co mamy powiedzieć lub zrobić. Odkryłam, że milczenie jest lepsze od mówienia. Milczenie nie wciska kitu.

Ilekroć pojawiła się możliwość wyjścia z domu, byłam pierwsza przy drzwiach. Uwielbiałam zakupy w każdy czwartek, no, prawie każdy, bo czasem tata wcześniej przepijał cały zasiłek. Kiedy to się zdarzało, uruchamialiśmy plan awaryjny, który obejmował nurkowanie za sofę w poszukiwaniu drobniaków oraz podkradanie mleka spod drzwi sąsiadów. Od czasu do czasu tata stwierdzał, że musi coś sprzedać. Podkreślał, że robi to tylko dlatego, żeby nas nakarmić. Przepadał na wiele godzin, które liczyliśmy z żołądkami ściśniętymi z głodu i strachu. Wiedzieliśmy, że wróci bez rzeczy, które wyniósł do lombardu o r a z bez pieniędzy. Słyszeliśmy, jak otwiera drzwi; oczywiście, był zapruty i klął na czym świat stoi, że nie może ich zamknąć. Nie skarżyliśmy się, że wciąż jesteśmy głodni.

Dolly Sen

Tak czy owak, uwielbiałam wyprawy do sklepów. W mojej wyobraźni to zawsze była niebezpieczna eskapada, podczas której musiałam walczyć z upiorami i wampirami. Najpierw był dom koło szkoły Dunraven. Przez niezasłonięte okna widać było salon ze ścianami pomalowanymi na czarno, obwieszonymi dziwnymi obrazkami. Czytałam artykuł w lokalnej gazecie o kobiecie, która tam mieszkała: była czarownicą i wcale się z tym nie kryła. Z początku bardzo się jej bałam. Nastolatki z pobliskiej szkoły ciągle z niej żartowały. Wiedziałam z własnego doświadczenia, jakie to nieprzyjemne, a czarownica zawsze się do mnie uśmiechała. Z czasem doszłam do wniosku, że chciałabym być taka jak ona. Ludzie czuli przed nią respekt i zostawiali ją w spokoju. Miała nad nimi władzę. Mnie też zostawiano w spokoju, ale nikt się mną nie przejmował. Na nic nie miałam wpływu. Ilekroć przechodziłam pod jej oknem, zerkałam do środka w nadziei, że zobaczę jakieś czary. Potem mijaliśmy wielki opuszczony dom; wyobrażałam sobie, że to rezydencja jakiegoś lorda. Budynek był wypalony przez pożar. Nie wiem, co się tam wydarzyło. Mama powiedziała, że rodzina, która tam mieszkała, zginęła w płomieniach. Byłam jednak pewna, że są tam nadal i wyglądają przez sczerniałe okna. Mijając ten dom, pędziłam ile sił w nogach z obawy, że ukarzą mnie za wścibstwo. Następną przeszkodą był murek centrali telefonicznej. Wdrapywałam się na niego i wyobrażałam sobie, że lina nad przepaścią. Na koniec przedzierałam się przez kępy krzaków. Tak wyglądała Leigham Avenue w Streatham,

ŚWIAT PEŁEN ŚMIECHU

dochodząca do głównej ulicy z mnóstwem sklepów, w których robiliśmy zakupy.

Czepiałam się mamy jak rzep. Chyba dawała mi poczucie bezpieczeństwa. Nie chroniła mnie przed tatą, ale przynajmniej miałam pewność, że sama mnie nie uderzy. Jej bajki na dobranoc były zupełnie inne, niż jego. Mama opowiadała, jak Elvis Presley obdarowywał nieznajomych autami. Twierdziła również, że pewnego razu jakaś kobieta zatrzymała się przed salonem samochodowym, przyglądając się autu, którego nie mogła kupić, bo nie miała dość pieniędzy. Elvis to zauważył i kupił jej dla niej. Spodobała mi się ta historia. Kiedy następnym razem poszłyśmy na zakupy, stanęłam przed witryną sklepu z zabawkami. Czekałam na Elvisa!

    Na urodziny dostałam od mamy nienadmuchaną piłkę do skakania. Była pomarańczowa i miała namalowaną twarz. Na napełnionej powietrzem można było usiąść i trzymając się uchwytów, skakać jak kangur. Mama zabrała mnie na stację benzynową, żeby napompować prezent. Spacer na stację był już sam w sobie cudownym, nowym doświadczeniem. Pracownik stacji, który pomógł nam uruchomić kompresor, mówił do mnie śmiesznymi głosami. Kiedy skacząc na piłce, wracałam do domu, buzia mi się sama wykrzywiała w głupkowatym uśmiechu, którego za nic nie mogłam opanować. Zwłaszcza gdy mijałam jakieś dzieciaki, które obrzucały mnie zazdrosnym spojrzeniem. Nigdy wcześniej to mi się nie przydarzyło — posiadałam coś, czego inni nie posiadali.

Dolly Sen

Dziadka ze strony ojca nazywaliśmy Dada. Odwiedzałyśmy go z mamą co tydzień. Szło się tam przez Streatham Common. Na błoniach lubiłam bawić się w berka — z gwiazdami. Zawsze wygrywałam. Z wyjątkiem jednego razu, kiedy zobaczyłam spadającą gwiazdę. Ale nie miałam jej za złe, że tym razem ona wygrała. W moich wspomnieniach Dada zawsze był stary. W każdym razie c z u ł s i ę staro. Ilekroć składałyśmy mu wizytę, skarżył się na bóle stawów. Albo że nikt go nie odwiedza — poza mną i mamą. Szczerze mówiąc, ja też nie lubiłam tych wizyt. Wolałabym robić coś innego, niż wysłuchiwać godzinnych jęków i narzekań. Czasem jednak było nawet przyjemnie. Dada nauczył mnie śpiewać dziecięce piosenki i zaśmiewał się do rozpuku z moich opowieści o niegrzecznym rodzeństwie.

Miał skłonność do paranoi i bujną wyobraźnię, które tata i ja po nim odziedziczyliśmy. Był przekonany, że wszyscy czyhają na jego pieniądze. Trzymał je pod materacem, w starej, wymiętej papierowej torbie na zakupy. W przypadku taty nieufność dziadka była zresztą uzasadniona. Słyszałam, jak tata mówi, że po śmierci Dady od razu zwinie całą forsę, zanim ktoś inny położy na nich łapę. I kiedy tonął w długach z powodu swojego pijaństwa, nieraz głośno lamentował nad długowiecznością mojego dziadka.

Jeszcze jako nastolatka regularnie odwiedzałam Dadę. Jego bóle i paranoja wciąż się nasilały. Pewnego razu niesłusznie oskarżył mnie o kradzież jego garnków i patelni i powiedział, żebym więcej do niego nie przychodziła. Tak też zrobiłam. Od dawna czekałam na zwolnienie z tego

ŚWIAT PEŁEN ŚMIECHU

obowiązku i przyjęłam je z ulgą. Chociaż na myśl o jego samotności chciało mi się płakać. Wydawało mi się, że wszystko, co mówię i robię, wyrządza komuś krzywdę. Kiedy człowieka zaczynają nachodzić takie myśli, depresja budzi się do życia.

Powrót do szkoły był... powrotem do szkoły. Budynek szkoły podstawowej od zerówki dzieliło tylko boisko. Zawsze z zazdrością obserwowałam starsze dzieciaki; wydawały mi się takie dorosłe. Nie mogłam się doczekać, kiedy znajdę się po drugiej stronie. Kiedy ta upragniona chwila była już blisko, Dada dał mi trochę pieniędzy na szkolne zakupy. Tata jednak mi wszystko zarekwirował i przepił w pubie. Od rozpoczęcia roku dzieliło mnie kilka dni, a ja nie miałam całych butów i ani jednego ołówka. Tak więc, tata zabrał mnie na „zakupy". Najpierw do biura znajomego bukmachera — stamtąd wyniósł garść firmowych ołówków. Potem do Tesco przy Streatham High Street; na parterze był dział spożywczy, my wjechaliśmy na piętro do działu odzieżowego. W tamtych czasach w Tesco na półkach wystawiano całe pary butów. Tata dał mi do przymierzenia najtańsze — pasowały. „Włóż do pudełka twoje stare buty" — powiedział. „Po co?" — zdziwiłam się. „Rób, co mówię!". Poszłam z nim do wyjścia i zatrzymałam się przy kasie. Tata się nie zatrzymał i pchnął mnie do wyjścia ze sklepu. Przystanął tylko na chwilę, żeby zerknąć na cycki kasjerki.

Jeśli miałam nadzieję, że szkoła podstawowa będzie czymś w rodzaju „nowego początku", to się pomyliłam. Dyrektorka, pani Keitch, była straszną

Dolly Sen

jędzą, a tata oczywiście nie omieszkał jej o tym poinformować. Wszystkich nas traktowała jak śmieci, ale ponieważ nie cierpiała mojego ojca, to mi szczególnie zalazła za skórę. Jej spojrzenie ociekało tym samym obrzydzeniem, które dostrzegałam u większości dorosłych. Zapewne odbyła kolejną pogawędkę z moim tatą, bo jak przystało na przedstawicielkę wspaniałego rodu ludzkiego, skorzystała z prawa do stosowania klasycznego mechanizmu obronnego, czyli przenoszenia winy na kogoś mniejszego i słabszego. W czasie apelu wywoływała mnie przed szereg, żeby przy wszystkich krytykować i obrażać. Przy jednej z takich okazji publicznie zapytała, dlaczego nie zdawałam na kartę rowerową. „Nie mam roweru" — odparłam. Muszę mieć wrodzony talent komiczny, bo dyrektorka wybuchnęła gromkim śmiechem i długo nie mogła się uspokoić. „Jesteś żałosna, Dolly" — wysapała w końcu. Większość uczniów i nauczycieli szczerze jej nienawidziła, ale nikt się nie odważył pisnąć słowa. Wyjątkiem była doroczna loteria szkolna, kiedy to wiele osób było oburzonych, że główną nagrodę zawsze wygrywa pani Keitch. Tamten czas miał też jaśniejsze strony — wreszcie przestałam moczyć łóżko.

W pierwszej klasie szkoły podstawowej nauczycielka poprosiła, żebyśmy po kolei wstali i powiedzieli, czym się zajmują nasi ojcowie. Czekałam na swoją kolej ledwo żywa ze strachu. „No, Dolly, wstań i powiedz, co robi twój ojciec!". W pierwszym odruchu chciałam powiedzieć: „W kółko

ŚWIAT PEŁEN ŚMIECHU

nas leje", ale zamiast tego wybąkałam: „Jest aktorem filmowym".

„Oj, Dolly, nieładnie kłamać. Czym się naprawdę zajmuje?".

„To jego prawdziwa praca. Gra w filmach".

„Siadaj, Dolly!". Dzieciaki w klasie zaczęły chichotać.

Mniej więcej w tym właśnie czasie sama zaczęłam regularnie grywać jako statystka.

Pracowałam w filmie już wcześniej, ale pierwszą rolą, którą pamiętam, było statystowanie razem z moją siostrą, Sheilą, w *Imperium kontratakuje*.

Najpierw musiałyśmy się zgłosić na przesłuchanie. Tam nam powiedziano, że dostałyśmy angaż i pobrano miarę na kostiumy. Blisko tydzień codziennie jeździłyśmy do wytwórni, z tatą jako naszą przyzwoitką. Statyści, jak to statyści, większość czasu siedzą i czekają, aż zostaną wezwani na plan. Przede wszystkim zaś czekają na przerwy na posiłek. Na śniadanie zawsze była kawa i herbata oraz kiełbaski lub jajka na boczku. Chociaż teraz jestem wegetarianką, zapach boczku i kiełbasek zawsze mi przypomina te szczęśliwe chwile.

Oprócz nas było tam jeszcze dziesięcioro innych dzieciaków, w większości z kółek teatralnych. Jeden z asystentów kierownika produkcji uznał, że nie musimy siedzieć bezczynnie i pozwolił nam się bawić w nieużywanych dekoracjach. Był to labirynt białych tuneli i futurystycznych krużganków. Zawsze marzyłam o domku na drzewie, ale to było znacznie lepsze. Całą dwunastką bawiliśmy się w pościg i strzelaninę. Nasz epizod miał być filmowany po obiedzie, więc gdy tylko zjedliśmy, musieliśmy założyć kostiumy. Wszystkie dzieciaki miały takie same zielone spodnie i zielone, okropnie gryzące swetry. Każde z nas dostało także płytkę obwodów drukowanych, udającą kosmiczny podręcznik szkolny.

W końcu wezwano nas na plan — kazano nam maszerować długim korytarzem za naszym „nauczycielem". W tej scenie pojawiał się także srebrny robot C3PO. Potem musieliśmy przeczekać kolejną strzelaninę. Razem z Sheilą wykorzystałyśmy ten czas, myszkując wśród dekoracji. Zobaczyłyśmy Chewiego, na którego widok moja siostra popłakała się ze strachu. Uspokoiła się dopiero, kiedy facet, który go grał, zdjął kudłatą maskę. Wszędzie roiło się od dziwacznych stworów. Im więcej czasu spędzałam na planie, tym głębiej wierzyłam, że t o jest świat rzeczywisty. Powoli nabierałam przekonania, że kręcimy dokument. Podobał mi się ten świat, był ciekawszy niż zwyczajne życie. *Imperium kontratakuje* opowiada o walce między siłami dobra i zła, a ja czułam się jej uczestniczką.

Przejazd z domu do studia był dla mnie niczym podróż statkiem kosmicznym do innego świata. „Dokąd się wybieracie?" — zapytał kiedyś Fred, czyściciel okien. „W kosmos" — odparłam z dumą. Planeta Ziemia była jedynie przystankiem w drodze.

Na planecie Ziemia mi się nie podobało — była tam szkoła, był mój tata.

ŚWIAT PEŁEN ŚMIECHU

W szkole podstawowej każdej wiosny rozdawano nam cebulki narcyza — kto wyhodował najpiękniejszy okaz, wygrywał nagrodę. I co roku narcyzy innych dzieciaków rozkwitały i złociły się w słońcu, a mój wyglądał jak smętna cebula. Pierwszego roku nawet go nie podlewałam. Nie wiedziałam, że trzeba. Zaczęłam podejrzewać, że celowo nikt mi niczego nie tłumaczy, żeby było z kogo się nabijać. I chłopacy tarzali się ze śmiechu. Zaprosiłam całą klasę na moje urodziny. Prawie wszyscy obiecali: „Dobra, przyjdę". W dniu urodzin uradowana czekałam pod drzwiami na gości. Czekałam. Czekałam. Nikt nie przyszedł. Uważali, że zrobili mi śmieszny kawał. A ja się uczyłam, że świat jest pełen śmiechu.

    Odtąd przestałam się przejmować ludźmi. Pisałam opowiadania, rysowałam obrazki i skupiłam się na lekcjach. W nauce znacznie przegoniłam swoich rówieśników. Pożerałam książkę za książką. Przeczytałam dosłownie wszystko, co znalazłam w szkolnej bibliotece. Rozważano nawet przeniesienie mnie do wyższej klasy, ale się obawiano, że nie zdołam się tam z nikim zaprzyjaźnić. Co nie znaczy, że w swojej klasie miałam przyjaciół. W końcu nic z tego nie wyszło. Nie wiem, dlaczego. Po obiedzie siadywałam sama w kącie boiska, splatając ze stokrotek kilometry wianków. Przerwa między lekcjami — wszyscy na nią czekali, a jej nie cierpiałam. Nie cierpiałam siedzieć w samotności i milczeniu pośród krzyków i śmiechów. Tak wyglądało całe moje dzieciństwo: sama na środku placu zabaw.

Dolly Sen

Jednak w szkole przynajmniej nie byłam głodna. Uwielbiałam szkolne obiady. Kiedy zbliżała się pora posiłku i z kuchni zaczynały dobiegać smakowite zapachy, trudno mi było się skupić. Prawie ślinka mi ciekła na myśl o soczystych rybich paluszkach i rozpływającej się w ustach tarcie karmelowej. W domu czasem dostawaliśmy tylko kawałek chleba z pasztetem lub płatki kukurydziane. Kiedy mieliśmy pojechać ze szkołą na wycieczkę, zapowiedziano, żebyśmy wzięli suchy prowiant. Rodzice akurat strasznie się kłócili, więc nie poruszyłam tego tematu, zresztą w domu i tak nie było nic do jedzenia. W autobusie zaczęłam szperać w cudzych plecakach w poszukiwaniu kanapek. Pewna dziewczynka mnie przyłapała i podniosła krzyk. Próbowałam obrócić to w żart, ale w głębi ducha paliłam się ze wstydu.

Nie mieliśmy pieniędzy, więc nienawidziłam wszelkich zbiórek na szczytne cele. Z góry było wiadomo, że przyniosę najmniej, jeżeli w ogóle. Mogłam je dostać tylko od mamy lub taty, a oni nigdy nie mieli grosza przy duszy. Wywiadówki zawsze były zabawne. Jeśli prowadziła je nauczycielka, tata nie odrywał oczu od jej cycków. A kiedy jeden z nauczycieli powiedział, że opuściłam się w nauce, tata odparł, że jeśli to się powtórzy, to ma jego zgodę, żeby skroić mi tyłek. „O cholera, znowu" — pomyślałam. Znowu te twarze. Dlaczego ludzie mają twarze? Widziałam, jak na twarzy nauczyciela miesza się niesmak i współczucie.

Kilka razy tata odbierał nas ze szkoły. Wygłupiał się przy mojej klasie.

ŚWIAT PEŁEN ŚMIECHU

„Twój tata jest taki zabawny" — powiedział ktoś. „O tak, zawsze jest wesoły" — kiwnęłam głową, przypominając sobie, jak miesza mnie z błotem, kiedy nie roześmieję się z jego kawału. Tylko przy innych zgrywał troskliwego ojca. Dlaczego nie możesz być taki bez publiczności? — chciałam go zapytać.

Przeważnie jednak odbierała nas mama. Po jej minie od razu mogłyśmy poznać, czy tata jest pijany. Szkoła znajdowała się u stóp stromego wzgórza. Codziennie po lekcjach musieliśmy z powrotem się na nie wdrapać. Czasem dla zabawy wyobrażałam sobie, że wspinam się na Mount Everest. Jeśli na szczycie wzgórza przyszła nam ochota, żeby odwiedzić cukiernię, musieliśmy skręcić w prawo w szeroką alejką, biegnącą na tyłach pubu „John Company". Sklepikarz zawsze miał potwornie zafrasowaną minę. Kurczę, nic dziwnego. Pięćdziesiątka dzieciarni szturmowała ladę, podczas gdy pięcioro innych kradło. Jeżeli się zdarzyło, że miałam w kieszeni parę groszy, przeważnie wybierałam te same słodycze: różowe galaretki, gumy balonowe, cukrowe smoczki i lizakowe bransoletki.

Kiedy tata był pijany, musiałyśmy cicho wślizgnąć się do domu. Na ogół spał w saloniku. Obchodziłyśmy go na palcach i oglądałyśmy telewizję z wyłączonym dźwiękiem. Pewnego razu miałam pecha i gdy tata odsypiał swoje zwykłe piętnaście godzin, dostałam czkawki. „Kurwa, przymknij się! Próbuję spać!". Wstrzymałam oddech i uciekłam do kuchni. Wypiłam kilka szklanek wody, ale czkawka wróciła i to jeszcze

głośniejsza. "Tego już za wiele!" — ryknął, podrywając się z łóżka. Zatkał mi usta. "Zamknij, kurwa, dziób!".
Nie pomogło.
Posypały się ciosy.
T o pomogło...

Kiedy taty znikał, dom był pełen śmiechu i wesołych krzyków. Potem drzwi frontowe się otwierały i z hukiem zatrzaskiwały. Natychmiast zapadała cisza. Cisza martwego dzieciństwa.

Typowy dialog z tatą:
"Dolly?"
"Tak?"
"Weź tam tamto".
"Co?"
"Rób, co mówię!"
Uciekam z pokoju, z oczami rozszerzonymi ze strachu, z piąstkami zaciśniętymi do bólu. Co takiego, do cholery, mam zrobić? Kulę się w kącie, czekając na ciosy, obelgi, wrzaski.

Uwaga pani Keitch dotycząca roweru tkwiła we mnie jak cierń. Kiedy wyrosłam z mojego trójkołowca, poprosiłam rodziców o prawdziwy rower. "Dostaniesz, jak będziesz grzeczna" — obiecał tata. Mijały kolejne urodziny i gwiazdki, a roweru jak było, tak nie było. O niczym tak nie marzyłam. Widząc dzieciaki na rowerach, płakałam z zazdrości. Tata ciągle obiecywał, ale nie miał zamiaru spełnić obietnicy. Wkrótce w ogóle przestałam marzyć.

ŚWIAT PEŁEN ŚMIECHU

To nie całkiem prawda. Marzyłam, żeby tata przestał bić tych, których kocham. Czy może być coś gorszego, niż słuchanie, jak nasi bliscy krzyczą z bólu? Najczęściej obrywała mama. Tata oskarżał ją, że spotyka się z innymi mężczyznami, co było cholerną bzdurą. Nigdy, przenigdy nie wyszła sama z domu. Kiedy piąty raz zaszła w ciążę i tata się dowiedział, myślałam, że nas pozabija. „Ty pieprzona dziwko! Czyje to dziecko?" — wrzeszczał tata. „Twoje, twoje!". „Tego mi, kurwa, nie wmówisz! Miałem wasektomię!". Meble latały nad naszymi głowami. „Nie bij mamy" — błagałam tatę. Usuwał nas z drogi kopniakiem. „Ty tłusta zdziro!". Tak zwracał się do swojej ciężarnej żony przez całe dziewięć miesięcy.

Kiedy Sammy się urodził, nikt nie miał najmniejszej wątpliwości, że jest „taty" — mieli identyczne oczy i nosy. Okazało się, że nawet po wasektomii trzeba się jeszcze przez jakiś czas zabezpieczać, ale oczywiście mój ojciec nic sobie z tego nie robił.

Skąd się wzięły nasze imiona? Tata nadawał je nam na cześć dziadków, kumpli od kieliszka i kobiet, z którymi chciałby iść do łóżka. Nie mogłam iść na chrzest Sammy'ego, bo się przeziębiłam. Zamiast przesunąć uroczystość, tata postanowił zostawić mnie samą w domu. Mama zaproponowała, że zostanie ze mną. „Potrzebni są oboje rodzice, idiotko!" — uciął dyskusję tata. Ponownie moją opiekunką był telewizor. Leciał właśnie film o kosmitach — mieli trójkątne głowy, paciorkowate oczy i właśnie zakradali się do czyjegoś domu. Byłam pewna, że potem zjawią się u nas. Wyłączyłam telewizor i chlipiąc, schowałam się za sofą.

Zaczynałam nienawidzić tatę. Dziecko musi naprawdę sporo wycierpieć od rodziców, żeby coś się w nim trwale zmieniło. Starałam się schodzić tacie z drogi i cały czas trzymałam się blisko mamy. On zaś coraz więcej pił i coraz mniej zajmował się domem. Ponieważ mama była głucha, stałam się jej uszami i głosem. Pełniłam rolę telefonistki i tłumaczki mamy, kiedy musiała coś załatwić. Mama nie była specjalnie obyta i zadawała niemądre, naiwne pytania. Kiedy uchylałam się od odpowiedzi, mówiła za łzami w oczach: „To nie moja wina, że jestem głucha". Mama nigdy nie podniosła na mnie ręki, ale była mistrzem emocjonalnego szantażu. Pewnego razu kazała mi zadzwonić do serwisu, bo nasz telewizor przestał działać. Tłumaczyłam wszystko słowo po słowie. Rozmowa miała mniej więcej taki przebieg:

„Nasz telewizor nie działa".
„Jaki to odbiornik?"
„Kolorowy".
„Nie o to chodzi. Jaki model?"
„Elektryczny".
(chichot w słuchawce) „Co się z nim stało?"
„Nie świeci się".
„A gdzie się nie świeci?"
„W saloniku".

Facet z serwisu lał po nogach. „Mamy świra na linii" — rzekł do swych koleżków.

Zaniemówiłam. Katatonia wydaje się całkiem rozsądnym sposobem na życie.

Patrząc wstecz, nie potrafię zrozumieć, jak można było obarczać dziecko taką

ŚWIAT PEŁEN ŚMIECHU

odpowiedzialnością. Czasem się buntowałam i odmawiałam wypełniania narzuconej mi funkcji. Chciałam być dzieckiem. Ostatecznie, tym właśnie byłam. „W Indiach pięcioletnie dzieci idą do pracy" — brzmiała ulubiona odzywka taty. „Jesteś po prostu leniwa" — powtarzał, siedząc rozwalony w fotelu, żłopiąc whisky, puszczając bąki i przeklinając.

Moja skłonność do snucia opowieści wzięła się po części stąd, że zwykle to ja musiałam streszczać mamie, co mówią w telewizji. W tych czasach nie było jeszcze napisów dla osób niesłyszących. Jeżeli fabuła serialu czy filmu była nudna, wymyślałam własną. To czasem powodowało niejakie komplikacje. „Co się stało z tym brodaczem?" — pytała mama. „Utopił się w morzu" — konfabulowałam. Pięć minut później brodacz pojawiał się na ekranie. „Wydaje mi się, że mówiłaś, że on nie żyje". „O Boże — to duch!".

Niektórym dzieciakom z mojej szkoły nie wystarczyło, że wyżywają się na mnie i wyśmiewały się z niepełnosprawności mojej mamy. „Twoja mama jest głucha i głupia, głupia jak ty". Młóciłam i kopałam te małe gnojki. A były naprawdę małe. Ja zaś rosłam jak na drożdżach. Byłam wyższa o głowę od większości moich rówieśników i zanim skończyłam dziesięć lat, miałam już całkiem spore cycki i piekielnie bolesne miesiączki.

Mama robiła, co mogła, żebyśmy mieli jakieś rozrywki. Opieka Społeczna z Lambeth co roku organizowała Opłatek dla Niesłyszących i mama zabierała nas ze sobą. Z początku uczestniczyło w nim kilkaset osób, były zespoły taneczne, gwiazdy mediów (jeśli Patricka Moore'a można nazwać gwiazdą), fajne nagrody. Z każdym rokiem jednak kurczył się budżet na ten cel i przychodziło coraz mniej ludzi. Na ostatnim zorganizowanym opłatku zjawiło się dwanaście osób (w tym sześć z naszej rodziny), a główną nagrodą była puszka coca-coli.

Na jednym z przyjęć pracownica opieki społecznej nierozważnie powierzyła rolę Świętego Mikołaja mojemu tacie. Przebrany w stosowny kostium, miał rozdawać prezenty. Właściwie to nie były prawdziwe prezenty, tylko czarne torby z mandarynkami. Kiedy wywołano tatę na scenę, był już tak pijany, że się zataczał. Nie włożył czapki Mikołaja, a siwa broda zjechała mu za ucho. Dowlókł się do stolika i wybełkotał: „Głupia zdzira!", co odstraszyło część dzieciaków. „Chwila — zawołał jeden z nich — Święty Mikołaj nie jest Hindusem!". „Chodź tu, mały gnoju!" — wymamrotał tata. Wręczył wszystkie torby z mandarynkami starszym dzieciakom, które przepchnęły się do przodu, a te najmłodsze, które zostały z tyłu, nic nie dostały. Tego roku wiele maluchów musiały obejść się smakiem...

Każdy z tych opłatków utkwił mi w pamięci nie tyle ze względu na samo przyjęcie, ile z powodu samej wyprawy tam i z powrotem. Któregoś roku w Brixton właśnie wybuchły zamieszki, a my znalazłyśmy się w oku cyklonu; nasz autobus musiał pojechać okrężną drogą. Innym razem uczyniliśmy zadość azjatyckiej tradycji, polegającej na upychaniu jak największej liczby osób w mini morrisie pewnego głuchego Hindusa — nasz rekord to tuzin.

ŚWIAT PEŁEN ŚMIECHU

Boże Narodzenie w naszym domu przeważnie rozpoczynało się w następujący sposób. „Wesołych Świąt!" — wołałam. „Wesołych Świąt" — odpowiadało chórem moje rodzeństwo. „Jesteście bandą popieprzonych gnojków" — dołączał się do życzeń tata.

Mam tylko kilka dobrych wspomnień ze szkoły podstawowej. Było tam boisko do gry w kule, ale nigdy nie widziałam, żeby ktoś z niego korzystał. Postanowiono urządzić tam sadzawkę. Razem z innymi dzieciakami zgłosiłam się na ochotnika do pomocy. Nauczyciel, który nadzorował prace, miał bzika na punkcie archeologii i poprosił nas, żebyśmy w czasie kopania informowali go o wszystkim, co wyda się nam niezwykłe. I faktycznie znaleźliśmy trochę skorup glinianych naczyń i kości zwierząt hodowlanych. Za pobliską kępą drzew znajdował się zrujnowany chlew. Okazało się, że szkoła była zbudowana na terenie dawnej farmy. Podobało mi się, że w ziemi kryją się szczątki historii i uwielbiałam przyglądać się, jak sadzawka powoli nabiera kształtów i jak kijanki zamieniają się w żabki.

W jednym z okresów trzeźwości, kiedy tata starał się zachowywać jak w miarę normalna istota ludzka, podpisał też zgodę na mój wyjazd na „zieloną szkołę". Był to pięciodniowy pobyt na wsi. Moja klasa miał pojechać do Marchant's Hill w Surrey. Tego ranka, gdy autobus miał nas zabrać spod szkoły, tata stanął w drzwiach i nie chciał mnie wypuścić z domu. „Proszę, nie jedź —

Dolly Sen

szlochał. — Na pewno ktoś cię skrzywdzi. Proszę, nie jedź".

„Ale ja chcę pojechać".

Mama odciągnęła tatę od drzwi i je otworzyła. „Nic mi nie będzie, tatusiu" — powiedziałam, cmoknęłam go w policzek i pomaszerowałam z mamą do szkoły.

Pod szkołą mnóstwo dzieciaków beczało, bo nie chciało rozstawać się z rodzicami. Nie ja. Wskoczyłam rozradowana do autobusu i pomachałam mamie na pożegnanie.

W Marchant's Hill stały drewniane domki, w których kwaterowały niezliczone szkoły. Merchant's Hill powstało po II wojnie światowej jako obóz dla przesiedleńców. Teraz w lecie zjeżdżali tam uczniowie z całej Anglii. Ponieważ tylko my byliśmy z Londynu i tylko wśród nas byli kolorowi, dzieciaki z innych szkół bały się nas. To mi nawet odpowiadało.

Świetnie się tam bawiłam. Najbardziej lubiłam dziesięciokilometrowe wycieczki po lesie. Wyobrażałam sobie, że samotnie wędruję przez knieje w nieznane. Do dziś nie mam pojęcia, czym zajmowała się wtedy reszta dzieciaków. Miałam kurzajkę i właśnie stwierdzono u mnie wszy, więc wszyscy omijali mnie szerokim łukiem — to znaczy, jeszcze bardziej niż zwykle. Pod koniec „zielonej szkoły" zorganizowano dyskotekę z różnymi zabawami. Kiedy muzyka nagle cichła, musieliśmy znieruchomieć, jak w grze w krzesła. Wygrałam i rozpromieniona uśmiechałam się do wszystkich, ale do mnie nikt się nie uśmiechał. Ktoś odciągnął mnie na stronę i powiedział: „W ogóle nie powinnaś z nami tańczyć, brudasie". Do końca pobytu w

ŚWIAT PEŁEN ŚMIECHU

Merchant's Hill trzymałam się więc na uboczu i bawiłam sama z sobą, wspinając na drzewa i rysując plany napowietrznego domku, w którym mogłabym się ukryć przed światem. Tata miał rację — ktoś chciał mnie skrzywdzić.

Najprzyjemniej jednak wspominam piątą klasę szkoły podstawowej, kiedy grałam w dziewczęcej drużynie piłkarskiej. Naszym trenerem był pan Vanstone, który zgłosił nas do turnieju szkół londyńskich. Początkowo jego oczkiem w głowie była drużyna chłopców, dziewczynki były tylko na doczepkę. Chłopcy jednak prawie od razu odpadli, a my odniosłyśmy kilka przekonujących zwycięstw. Prawdę mówiąc, była to zasługa jednej dziewczynki — Dorritt. W każdej wolnej chwili kopała piłkę z chłopcami, wiele się zresztą od nich różniła. Reszta drużyny jednak też miała swoje wielkie chwile. W kolejnym meczu prawie do samego końca przegrywałyśmy 0:2 i wydawało się, że nic nas nie uratuje.

Pięć minut przed ostatnim gwizdkiem niespodziewanie strzeliłam gola. Równie niespodziewane było to, że cała drużyna rzuciła się na mnie, ściskając i poklepując. W dzieciństwie coś takiego przydarzyło mi się zaledwie kilka razy. Wyrównałyśmy dosłownie w ostatniej minucie. Teraz wszystko miało się rozstrzygnąć w rzutach karnych.

Na bramce stała Deborah. Byłam tak przejęta, że gdy strzelały nasze przeciwniczki, zamykałam oczy. Ale Deborah była wspaniała: obroniła więcej piłek, niż wpuściła i w rezultacie w naszej grupie wiekowej zajęłyśmy pierwsze miejsce w całym południowym Londynie. Porwałyśmy ją w objęcia, gratulując sobie nawzajem. Skakałyśmy z radości. Dostałyśmy srebrne medale, a lokalna gazeta zamieściła nasze zdjęcie. Powinnam mieć dość oleju w głowie, żeby nie informować taty o naszym zwycięstwie. „A kogo to obchodzi? Powinnaś raczej dostać medal za swoją tuszę i brzydotę". Wtedy było mi przykro, ale potem zrozumiałam, jak żałosny okazał się mój tata, zazdroszcząc sukcesu córce.

W ostatniej klasie szkoły podstawowej dostaliśmy od miasta większe mieszkanie — z czterema sypialniami, na Streatham Hill. Znajdowało się ono w starej, wiktoriańskiej kamienicy. Miało wielkie pokoje i wysokie sufity. Mały Sammy potrafił się w nim zgubić. W kilku pokojach na ścianie wisiał dzwonek, którym niegdyś przywoływano służbę. Okno saloniku wychodziło na główną ulicę Streatham Hill i budynek teatru; wtedy przeważnie służył już za salon bingo, ale od czasu do czasu wystawiano jakieś sztuki, na jednej byliśmy ze szkołą. Wcześniej gościł w swych murach sławnych aktorów, a na widowni — członków rodziny królewskiej. Kiedy się przeprowadziliśmy naprzeciwko, przez okna teatru widać było jeszcze kostiumy — byłam przekonana, że mieszka tam upiór, który się w nie przebiera. Powiedziałam o tym rodzeństwu i odtąd baliśmy nawet spojrzeć w tamtą stronę. Kiedy chciałam zasnąć, a oni hałasowali, wystarczyło powiedzieć, że upiór z sali do bingo stoi we drzwiach. Od razu dawali nura pod

ŚWIAT PEŁEN ŚMIECHU

kołdry i siedzieli jak trusie. Czegoś się nauczyłam od taty.

Dziś, w 2002 roku, sklepy na Streatham Hill są takie same, jak w każdej dzielnicy — pełno spożywczaków, monopolowych i egzotycznych restauracji. Kiedy tam zamieszkaliśmy w październiku 1980 roku, wyglądało to zupełnie inaczej, wszystkie sklepy handlowały eleganckimi towarami: futrami, perukami, galanterią, pianinami. Wstydziłam się tam wchodzić, a sprzedawcy patrzyli z wyższością na mamę z piątką hałaśliwych bachorów.

Mniej więcej w tym czasie pierwszy raz mieliśmy prawdziwe rodzinne wakacje. Wcześniej czasem wyprawialiśmy się na kilka dni nad morze, ale nie mamy żadnych pamiątek z tych podróży. Kiedy odbieraliśmy zdjęcia, zwykle okazywało się, że nas, dzieciaków, prawie na nich nie ma. A to dlatego, że tata fotografował głównie dziewczyny w bikini.

W 1981 roku całą siódemką pojechaliśmy do Blackpool i wszyscy dobrze się bawiliśmy. Była ładna pogoda, a tata był względnie trzeźwy. Następnego roku znowu tam się wybraliśmy, ale tym razem tata miotał się rozjuszony od rana do wieczora. Rzucał się na każdego, kogo spotkał. Widać było, że tylko czeka, aż ktoś przypadkiem go potrąci, żeby wszcząć awanturę. Miał zmarnowany dzień, jeśli mu się nie udało. Najbardziej zapadł mi w pamięć incydent w wesołym miasteczku. Nam oczywiście nie wolno było korzystać z żadnych atrakcji, mogliśmy tylko się przyglądać, jak tata purpurowieje z wściekłości przy jednorękim bandycie, reagując na kolejne niepowodzenia coraz głośniejszymi okrzykami: „Kurwa mać!". Kopał i potrząsał maszyną, aż wszyscy zaczęli na nas gapić. „O Boże, po co ja się w ogóle modlę? Nigdy mnie nie wysłuchujesz!" — wrzeszczał na całe gardło.

Pracownik wesołego miasteczka zwrócił tacie uwagę, bardzo uprzejmie, żeby nie potrząsał maszyną. Tata złapał go za koszulę i wycharczał: „Mówisz tak, bo jesteś rasistą!".

Biedny facet osłupiał.

„Tatusiu, daj spokój" — błagaliśmy chórem.

„Zamknijcie się, do cholery! — wydarł się na nas. — Zawsze przynosicie mi wstyd. Popatrzcie — wszyscy się na nas gapią. Zawsze musicie narobić mi wstydu".

Następnego roku tata nie pojechał z nami do Blackpool.

We wrześniu 1982 roku przeszłam do szkoły średniej — St. Martins w Tulse Hill w południowym Londynie. Nie mam stamtąd wielu wspomnień. Nic dziwnego, bo nauczyłam się tam jedynie, że czasem najlepszym wyjście z sytuacji jest samobójstwo. Nie poznałam tam żadnych ciekawych nauczycieli ani przedmiotów nauczania. Nieco więcej uwagi poświęcali mi jedynie moi prześladowcy — a tych nie brakowało tak wśród uczniów, jak i pedagogów.

Chociaż w Hitherfield miałam pewne osiągnięcia sportowe, w St. Martins nienawidziłam wuefu. Musiałyśmy ćwiczyć w obrzydliwych brązowych miniówach. Nie lubiłam pokazywać nóg, atrakcyjnych wyłącznie dla siniaków i...

ŚWIAT PEŁEN ŚMIECHU

zboczeńców. Tata sprowadził do naszego domu kolejnego zasranego pedofila, który się mną bezkarnie zabawiał. Tak czy owak, wuefu uczyła nas pani O'Flynn, która okazała się jeszcze większą furiatką niż mój tata. Te jej wrzaski! Dlaczego wszyscy muszą wrzeszczeć? Można by pomyśleć, że niektórzy zostają nauczycielami z żądzy władzy. Jakie to żałosne, kiedy jedynym sposobem manifestowania swojej władzy staje się poniżanie dzieci. W tej szkole prawie wszyscy nauczyciele byli zdrowo stuknięci. Nauczyciel muzyki, który był alkoholikiem, kazał nam śpiewać: „Samobójstwo nic nie boli". Nauczycielka angielskiego była anorektyczką i między lekcjami biegała do pokoju pielęgniarek, żeby się zważyć. Angielskiego uczył także, jeśli dobrze pamiętam nazwisko, pan Ayres. Chyba był hippisem. Przez cały rok kazał nam przeczytać tylko dwie książki i napisać tylko kilka wypracowań. Zamiast tego mieliśmy szukać własnego „ja" czy coś w tym rodzaju. Chciał, żebyśmy opowiadali o sobie, ale w ogólnej wrzawie słychać było tylko najgłośniejszych, a ich historie nigdy nie były interesujące. Moją jedyną przyjaciółką w szkole średniej była Judith, czarna dziewczyna z Brixton. O książkach więcej dowiedziałyśmy się od siebie nawzajem, niż od nauczycieli angielskiego. Pisałyśmy także opowiadania, które sobie dedykowałyśmy.

W klasie były dwie dziewczyny, które regularnie zamieniały mi życie w piekło — Angela i Michelle. Wyśmiewały się z tego, jak mówię, jak chodzę, z moich tanich ubrań. Kiedy przytrafiła mi się jedna z najgorszych przygód w całej mojej szkolnej karierze, one śmiały się najgłośniej. Przebierając się po wuefie, razem z szortami, które wkładałam pod obowiązkową miniówę, przypadkiem ściągnęłam moje znoszone majtasy. „Hej — zawołała Michelle — patrzcie na majtki Dolly, całe w dziurach, ale paskudne!". Huragan śmiechu. Niedługo potem znów mi się przydarzyło coś podobnego. Nie dość szybko zmieniłam koszulkę z wuefu na bluzkę i ktoś zauważył, że noszę zdecydowanie za mały stanik. Fakt, w naszym domu ubrania znajdowały się na samym dole listy najpilniejszych zakupów, zaraz po takich niezbędnych rzeczach, jak alkohol i papierosy. Koleżanki zerkały na mnie z politowaniem, dusząc się ze śmiechu. Chciałam się zapaść pod ziemię. Chciałam umrzeć, ale moje przeklęte serce wciąż biło. Jedna z dziewczyn wzięła mnie na bok i powiedziała, że muszę sobie kupić większy stanik. Jej życzliwa rada, choć krępująca, zarazem mi pomogła. Sama wiedziałam, że potrzebny mi większy stanik. Już wcześniej próbowałam wytłumaczyć to rodzicom. „Po co wyhodowałaś sobie takie wielkie cycki?" — zapytał tata.

Wtedy miałam wizytę u ortodontki, która powiedziała, że muszę nosić druciany aparat, bo dolne zęby wystają i wyglądam jak małpa. Dorośli umieją mówić komplementy.

Jedyne miłe wspomnienia z tamtych czasów wiążą się ze statystowaniem w filmach. W studio lubiłam zaglądać za atrapy budynków. Za ich drzwiami nie było nic. Miałam wrażenie, że rzeczywistość zmienia się w scenografię filmową — kryje w sobie tylko pustkę.

ŚWIAT PEŁEN ŚMIECHU

Indianę Jonesa i świątynię przeznaczenia Steven Spielberg kręcił głównie w Anglii. Potrzebował pięćdziesiątki indyjskich dzieciaków do roli niewolników w kopalni, więc zgłosiłam się razem z Sheilą i Kennym. To oznaczało kilka cudownych tygodni wolnych od szkoły. Dyrektorka początkowo nie chciała nawet o tym słyszeć, ale gdy kierownik produkcji zapewnił ją, że dzieci będą pod opieką nauczycieli, niechętnie zwolniła mnie z lekcji.

Codziennie specjalny autobus zbierał dzieciaki z różnych punktów Londynu i przewoził do Elstree Studio w Hertfordshire. Kiedy pierwszy raz znaleźliśmy się w studio, chyba wszyscy byliśmy pod wrażeniem: scenografia była rekonstrukcją wnętrza kopalni — wszędzie było pełno odłamków skał, żwiru i pyłu. Podniosłam spory kamień, spodziewając się, że będzie ciężki. Nie był, okazał się kawałkiem pomalowanego styropianu. Rzuciłam nim w brata, który zrobił taką minę, jakbym chciała go zabić, ale „skała" tylko odbiła się od jego głowy, co mnie okropnie rozśmieszyło. Naszymi kostiumami były brudne, podarte szmaty. Chłopcy mieli nosić turbany. Nie zgadniecie, kogo zatrudniono, żeby je fachowo zawijał. Tatę.

Zdołał przekonać filmowców, że jest specjalistą od turbanów. Pierwsze próby jednak świadczyły jednak o czymś wręcz przeciwnym. Jednemu chłopcu zawiązał go tak ciasno, że dzieciak mało nie zemdlał. Innemu zwój ciągle spadał z głowy. Do tego nieomylnym sygnałem obecności taty był syk otwieranych puszek piwa. To była katastrofa. Musieli znaleźć kogoś innego do zawijania turbanów, aż tata się nie nabierze większej wprawy.

Po założeniu szmat i spryskaniu ich „brudem w sprayu" prezentowaliśmy się jak prawdziwi niewolnicy. Zajmował się nami asystent kierownika produkcji. Łobuz ciągle dokuczał otyłemu chłopcu o wydatnych piersiach. „Powinieneś wyglądać jak zagłodzony niewolnik, a nie jak kupa sadła z cyckami. Od dziś zero deserów!". W pierwszym tygodniu próbował nas musztrować, wywarkując rozkazy jak sierżant. Potem mu się znudziło i spędzał czas, próbując wsadzić łapę w majtki każdej dorosłej kobiecie zatrudnionej na planie.

W pierwszej scenie z naszym udziałem, musieliśmy przejść po wąskiej kładce nad „gorejącą ogniem rozpadliną". Rozpadlina była całkiem głęboka, a płomienie wyglądały naprawdę przerażająco. W kilku pierwszych ujęciach bałam się wejść na kładkę, ale znalazłam sposób: wyobrażałam sobie, że goni mnie tata z biczem w ręku i błyskawicznie przebiegałam nad ognistą przepaścią. Ach, co to był za bieg! Później za każdym razem stosowałam tę metodę. Tamten świat podobał mi się bardziej, niż świat zewnętrzny.

W kolejnych tygodniach skruszyliśmy mnóstwo skał, otrzymaliśmy mnóstwo batów i mieliśmy mnóstwo frajdy. W którejś ze scen dźwigaliśmy urobek, chłostani przez strażników. Jednego ze nich grał tata. Trzeba przyznać, że wczuł się w rolę, batożąc dzieciaki atrapą pejcza. Inny strażnik tak zdzielił Kenny'ego w tyłek, że mój brat aż podskoczył. Tata chciał zabić tamtego statystę. „Nie rusz, gnoju, mojego syna"! Jasne, to przecież j e g o działka.

ŚWIAT PEŁEN ŚMIECHU

Chyba dopiero po trzech tygodniach pierwszy raz zobaczyłam Stevena Spielberga. Pojawił się, żeby osobiście wyreżyserować scenę z udziałem dzieciaków. Po kilku godzinach pracy zauważyłam, że patrzy prosto na mnie. Byłam zakłopotana, ale potraktowałam to jako wyróżnienie. W głębi ducha liczyłam, że zaproponuje mi większą rolę. Ale pod koniec dnia jeden z naszych opiekunów poinformował mnie, że nie będę już więcej potrzebna.

„Dlaczego?" — spytałam, prawie płacząc.

„Nie bierz tego do siebie, ale wyglądasz zbyt dorośle, żeby grać dziecko. Wiem, że masz tylko dwanaście lat, ale masz ciało kobiety. Przykro mi, już cię nie potrzebujemy".

To prawda, miałam 170 centymetrów wzrostu i 90 centymetrów w biuście. Ciało kobiety? Możliwe. Ale płakałam wciąż jak dziecko. Dzięki, panie Spielberg. Domyślam się, że tamten otyły chłopak i ja mieliśmy po prostu za wielkie cycki, jak na pański gust.

Ponieważ ludzie często się śmiali z taty, był on przekonany, że jest znakomitym komikiem. Swoje dowcipy testował na nas, a my się śmialiśmy, bo nie chcieliśmy, żeby na nas wrzeszczał. Ilekroć statystowaliśmy w filmie lub programie telewizyjnym, opowiadał je także w obecności reżysera lub producenta. Nie robił jednak na nich wrażenia, raczej wprawiał w zakłopotanie. Tata potrafił być czarujący na pokaz. Ale wystarczyło chwilę go poobserwować, żeby się przekonać, jak szybko czar pryska i zamienia w gejzer nienawiści. Kiedy tylko wracaliśmy do domu, tata napadał mnie

Dolly Sen

z furią, niczym samolot wbijający się w WTC. „Nie śmiali się, bo stałaś koło mnie. Spójrz do lustra! Dlaczego masz taką pogrzebową minę?". Każdy cios izolował mnie od reszty świata. Bo gdzie wszyscy wtedy byli? Miałam poczucie, że oklaskują to widowisko, śmiejąc się ze mnie. Nie chodziło tylko o mnie — moi bracia i moje siostry też byli bici. Tata nienawidził całego świata, w tym mnie, moich braci i moje siostry, zwłaszcza mnie, moich braci i moje siostry. Co takiego w nas było, że budziło w nim taki gniew i nienawiść? Jak mogłam być dobrze nastawiona do świata, skoro jedna z osób, które powinny się mną opiekować, regularnie zadawała mi ból? Przeciwnie, zawsze uważałam, że cały świat jest współwinny tortur, które muszę znosić. W szkole podstawowej nie umiałam wyhodować narcyza, ale bez trudu pielęgnowałam raczkującą psychozę. Rozdrapywałam sobie skórę do krwi i biegłam do szkolnej pielęgniarki, ale ona też wkrótce straciła do mnie cierpliwość. Bywały dni, że do nikogo się nie odzywałam, zapadałam w katatonię, bo nie miałam już światu nic do powiedzenia. Odrobiłam lekcje z paranoi; byłam w tym mistrzem. Nikt mi nie powiedział, że potrafię czytać w cudzych myślach. Cudze myśli były przeważnie śmiertelnie nudne, z wyjątkiem tych, które życzyły mi śmierci.

Druciany aparat w ustach, które nie wiedziały, co mówić, czy mówić.
Buty z Tesco.
Za ciasny stanik.
Dziurawe majtki.
Posiniaczone ciało.

ŚWIAT PEŁEN ŚMIECHU

Ciało obmacywane przez starego satyra.
I nie zauważane przez resztę świata.

Zaczynałam wariować.

Dolly Sen

Część 2

Szalony świat

„Dobroci i mądrości tylko składamy obietnice; cierpieniu jesteśmy posłuszni".
Marcel Proust

Od miesięcy zadręczyliśmy rodziców o psa, ale tata nigdy się nie zgadzał. Sklep zoologiczny z naprzeciwka właśnie sprzedawał kundelki po dziesięć funtów. Znów próbowaliśmy ubłagać tatę. „Nie!". „Będzie pilnował domu — obiecałam. — Nie wpuści żadnego włamywacza".

Tata już wcześniej zabił deskami otwór na listy i niektóre okna, święcie przekonany, że ktoś nam wrzuci do mieszkania koktajl Mołotowa. Nie wiem, czy było to realne zagrożenie, czy tylko zrodzone w chorej wyobraźni taty, ale ponieważ największą pasją jego życia stało się wkurzanie każdego, kogo spotkał, my też mieliśmy niezłego pietra.

Tak więc, mój argument przeważył i tata kupił czarno-brązowego szczeniaka. Kundelek był taki mały i taki śliczny, że prawie nie wypuszczałam go z objęć. Tata nazwał go Bobby. Nauczyłam Bobby'ego robić „siad", „zostań" i „podaj łapę". Mama go uwielbiała, bo wyczuwając jej głuchotę, traktował ją odpowiednio inaczej. Kiedy rozlegał się dzwonek, trącał mamę nosem i prowadził do drzwi lub telefonu. Nikt go tego nie uczył. Zwierzęta najwyraźniej są bardziej inteligentne i mają lepszą intuicję, niż ich rzekomi znawcy im przypisują.

ŚWIAT PEŁEN ŚMIECHU

Uważa się je podrzędne stworzenia, bo nie potrafią wciskać kitu! Bobby czasem odbierał telefon, zrzucając słuchawkę i szczekając do niej (kilka razy zrobiłam to samo). I nikt mi nie wmówi, że zwierzaki nie mają poczucia humoru. Kiedy pewnego razu Bobby skoczył na mnie od tyłu i wywinęłam kozła, widziałam, że śmieje się ze mnie do rozpuku.

Bobby uwielbiał swój kocyk; ciągnął go wszędzie ze sobą i ssał jak smoczek. Lubił, jak sadzaliśmy go na środku tego kocyka i podrzucaliśmy w powietrze. Niestety, był z nami tylko cztery lata. Połknął kawałek gąbczastej piłki, który utknął w jelitach. Weterynarz usunął gąbkę, ale było za późno; Bobby nie przeżył. Byłam zrozpaczona. Był pierwszą istotą, którą darzyłam bezwarunkową miłością i która tę miłość bezwarunkowo odwzajemniała. Kiedy płakałam, zlizywał moje łzy. Gdy czułam potrzebę, żeby kogoś przytulić, nie odpychał mnie, a to miało dla mnie ogromne znaczenie. Kiedyś powiedziałam Kenny'emu, że psy nauczyły mnie kochać, a to niezbędna umiejętność, jeśli ma się zamiar wydać dzieci na świat. Kenny pokiwał głową, ale dodał: „Tylko nie klep ich po główce i nie dawaj im karmy dla psów".

Kiedy tata, zalany w trupa, brał się do bicia, tylko Bobby nas bronił. Wciskał się między niego i nas i nie dawał się przepędzić, chociaż to na niego spadały wszystkie ciosy i kopniaki. A niektórzy nie rozumieją, dlaczego wiele osób woli zwierzęta od ludzi...

Pewnego razu zbiegliśmy się do kuchni, gdzie tata zaczął bić mamę. Kiedy znów chciał ją uderzyć, Bobby ugryzł go w jaja. Tata chciał rozbić krzesło na głowie Bobby'ego, ale wtedy zebrałam się w sobie i go odepchnęłam. Wypadł do pokoju, wrzeszcząc, że zabije każdego, kto wyjdzie z kuchni. Większość z nas trzęsła się ze strachu. Zobaczyłam, że Sheili drżą usta i łzy spływają po twarzy, więc ją przytuliłam. Paula wyszła na balkon i zawołała sąsiadów, którzy wezwali policję. Tymczasem tata postanowił podpalić mieszkanie, żebyśmy — jak miał nadzieję — spłonęli się we śnie. Siedzieliśmy w kuchni, słysząc, jak nasz ojciec się miota, łamiąc meble i grożąc, że wszystko spali. Miałam wrażenie, że minęła cała wieczność, zanim zjawili się policjanci. A oni nawet nie sprawdzili, czy nic nam się nie stało. Porozmawiali tylko chwilę z tatą i odjechali. Zaczynałam nienawidzić cały ten pieprzony świat. Nikogo nie obchodziliśmy. Tata opowiedział swojemu bratu, że go popchnęłam. „Nie wolno podnosić ręki na własnego ojca — pouczył mnie wujek. — Musisz szanować swoich rodziców". Nie miałam pojęcia, że savoir vivre odnosi się również do przemocy w rodzinie.

Byłam coraz słabsza fizycznie i psychicznie. Na nic nie miałam sił i ledwo trzymałam się na nogach. Zrobiono mi badania i stwierdzono mononukleozę. Długo nie chodziłam do szkoły, a kiedy już wyzdrowiałam, po prostu nie byłam w stanie tam wrócić — i odmówiłam powrotu. Niedługo potem mój stan znów się pogorszył. Tym razem przyczyną okazała się niedoczynność tarczycy. Później się dowiedziałam, że niedobór hormonów tarczycy może sprzyjać rozwojowi psychozy. Ale o tym nie poinformował mnie żaden z lekarzy. Oni w ogóle o

ŚWIAT PEŁEN ŚMIECHU

niczym mnie nie informowali. Kazali tylko się ubierać i wracać do szkoły.

Miałam 14 lat. Mniej więcej wtedy pierwszy raz doznałam halucynacji słuchowych.

Co niedzielę słuchałam w radio listy przebojów i nagrywałam ulubione piosenki. Pewnego razu nagle muzyka ucichła, a z głośnika dobył się zgrzytliwy głos: „Czego chcesz, Dolly? Ile chcesz?". Dostałam gęsiej skórki ze strachu i szybko wyłączyłam radio. Rozległ się demoniczny śmiech: „Nie pozbędziesz się mnie tak łatwo. Teraz jestem twoim życiem".

„Kim jesteś?"

„Jestem wszechświatem. Ode mnie zależy, czy żyjesz i oddychasz". Zerwałam się na równie nogi i czmychnęłam z pokoju. Odtąd przestałam słuchać radia. Z upływem czasu doszłam do wniosku, że to wszystko mi się przyśniło. Wtedy głosy odezwały się z telewizora. Tonęłam w morzu kiepskich reklam, z których musiałam wyławiać informacje o kosmicznym znaczeniu. Wkrótce przestałam oglądać telewizję. Dostałam obsesji na punkcie walki dobra ze złem, przedstawionej w filmie *Imperium kontratakuje*. „Wszyscy są przekonani, że to tylko film — myślałam — ale o n i chcą, żebyśmy tak sądzili. A przecież t o właśnie jest prawdziwa rzeczywistość, fantazją są ludzie na widowni i ich codzienne życie".

Stres powodował nasilenie halucynacji i urojeń. Pewnego dnia tata przycisnął mi rękę do palnika kuchenki gazowej, aż skóra zaczęła skwierczeć. Zaciskając poparzoną dłoń, pobiegłam do sypialni. Na ścianie miałam obrazek z ukrzyżowanym Jezusem. Zaczęłam błagać, żeby mi pomógł. Patrzył na mnie niewidzącym wzrokiem, z rozłożonymi, krwawiącymi rękami. Nasz dłonie wyglądały podobnie. Zrozumiałam, że Jezus to ja, a ojciec to demon, który mnie prześladuje. Chciał, żebym umarła. To on krył się za głosami, które w domu kazały mi rzucić się ze schodów, a na ulicy — pod pędzące samochody.

Siedziałam w sypialni, czekając, aż szydercze głosy znów się odezwą, czekając na inwazję kosmitów. Byłam też przekonana, że do władzy dojdą naziści. Kupiłam więc wiatrówkę i wprawiałam się w strzelaniu do puszek. Stałam się niezłym strzelcem. Trafiałam do coraz mniejszych celów — z dziesięciu metrów załatwiałam ołowianego żołnierzyka. Kupiłam kompas i za pomocą planu Londynu nauczyłam się czytać mapy. Przeczytałam wszystkie książki o sztuce walki i przetrwania, jakie udało mi się znaleźć. Obawiając się zasadzki, urządziłam pod łóżkiem bunkier. Ilekroć wychodziłam z domu, robiłam szybki rekonesans, wypatrując dobrych stanowisk dla snajpera. Albo ukradkiem zerkałam przez okno, zapisując numery rejestracyjne samochodów, które, jak sądziłam, należały do szpiegów. Trwało to mniej więcej rok. W tym czasie napisałam trzystustronicowy podręcznik musztry i logistyki, a także zebrałam „dowody", że inwazja kosmitów już trwa.

Zjawili się u nas pracownicy opieki społecznej, bo nie chodziłam do szkoły. Dla nich to była jeszcze jedna sprawa do załatwienia; tak naprawdę, guzik ich to obchodziło. Spytali, czy mam kłopoty w domu, ale zrobili to... przy tacie.

ŚWIAT PEŁEN ŚMIECHU

Zafundowali mi tylko kolejną porcję upokorzeń. Ilekroć spotkałam ludzi z opieki społecznej, zawsze mieli wypisane na twarzy zdziwione pytanie: „Co znowu?". Moje ciało było pokojem, w którego najdalszym kącie kuliło się moje prawdziwe „ja". I oni nic nie zrobili, żeby mnie stamtąd wyciągnąć; przeciwnie, sprawili, że ukryłam się jeszcze głębiej. Dziś próbuję sobie przypomnieć: czy kiedykolwiek okazali mi współczucie, czy kiedykolwiek udzielili mi pomocy? Wszystko, co mieli mi do powiedzenia, to: „Wracaj do szkoły, albo pożegnaj się z rodziną". Jako nastolatka nabrałam przekonania, że Bóg nie istnieje, a życie nie jest więcej warte niż samotność.

Patrząc wstecz, widzę teraz jasno, że moja psychoza i fobia społeczna nie były ani rozpoznane, ani leczone. Oczywiście, wówczas nie miałam pojęcia, co mi dolega, więc nie mogłam się do nikogo zwrócić z prośbą: „Mam objawy psychotyczne i nerwicę społeczną. Pomóż mi". Byłam dzieckiem otoczonym przez dorosłych, którzy okazywali mi zniecierpliwienie i grozili, że mnie ukarzą, jeśli nie przestanę chorować. Z fizycznego punktu widzenia też nie byłam całkiem zdrowa. Nadal odczuwałam skutki mononukleozy i miałam niedoczynność tarczycy, której nie leczono jak należy. Lekarz przepisał mi tyroksynę, ale rodzice nie potrafili dopilnować, żebym codziennie zażywała odpowiednią dawkę. W rezultacie sama musiałam tego pilnować. I czasem brałam, a czasem zapominałam.

Nerwicę społeczną spowodowało, jak mi się wydaje, nagromadzenie zbyt wielu bolesnych doświadczeń: złośliwości pani Keitch, bieliźnianych przygód na wuefie, molestowania seksualnego, publicznego poniżania mnie przez tatę... muszę kontynuować?

To ukształtowało mój obraz świata. Naprzeciwko naszego domu był chiński bar. Uwielbiałam chińszczyznę, ale całymi latami nie mogłam się zebrać na odwagę, żeby tam zajrzeć. Od jednej osoby usłyszałam, że zamówienie składa się, podając numer, od innej, że nazwę potrawy. Sprzeczność tych informacji wystarczyła, żebym w ogóle zrezygnowała z zakupów w panicznej obawie, że znowu zrobię coś nie tak, że znowu wyjdę na idiotkę.

Owszem, byłam u psychiatry dziecięcego w King's College. Niewiele pamiętam z tej wizyty poza tym, że psychiatra wyglądał na bardziej zdołowanego ode mnie. Do dziś nie wiem, jaką postawił diagnozę, ale odtąd nie próbowano już mnie posłać do szkoły.

Wcześniej ktoś z opieki społecznej wpadł na genialny pomysł, żeby przenieść mnie w St Martins do niższej klasy. Uznali, że jeśli będą siedzieć w ławce z Sheilą, to jej obecność mi pomoże. Przyznaję, że sama też miałam taką nadzieję. Niestety, była to złudna nadzieja.

Przekonałam się o tym, kiedy tylko stanęłam obok siostry na szkolnym apelu. Ktoś z dawnej klasy mnie zauważył i po chwili gapiło się na mnie trzydzieści par zdziwionych oczu.

Przez kilka pierwszych dni trzymałam się blisko siostry, ale było jasne, że jej przyjaciółki nie życzą sobie mojego towarzystwa i szybko dały mi to odczuć. W tym samym tygodniu doszło do

ŚWIAT PEŁEN ŚMIECHU

jeszcze kilku incydentów. Nauczycielka wyznaczyła mnie do roznoszenia dzienniczków. Trzy inne dziewczynki chciały pomóc, ale się nie zgodziłam. Zaczęły kpić, że jestem opóźniona w rozwoju, bo zostałam przeniesiona do niższej klasy. Trafiły w czułe miejsce. Choroba upośledziła moje zdolności intelektualne. Zaledwie rok wcześniej byłam jedną z najlepszych uczennic w klasie, a teraz z trudem dawałam sobie radę ze słupkami.

Tego dnia przez całą lekcję matematyki słyszałam zewsząd szepty: „Opóźniona!". W pewnej chwili nie wytrzymałam i wybuchnęłam histerycznym płaczem. Nauczycielka nie wiedziała, co u diabła ze mną począć. Sąsiadka z ławki próbowała mnie pocieszyć, ale na próżno. Tego dnia wróciłam do domu, żeby usłyszeć od taty: „Dolly, ty debilko. Ciągle przynosisz mi wstyd. Mam pieprzoną oślicę za córkę. Niedobrze mi, jak na ciebie patrzę".

Odzyskiwałam spokój, marząc o śmierci albo wspominając dziecięcy sen o złotych polach. Tej nocy połknęłam całą fiolkę tyroksyny. Niestety, nie umarłam. Przeciwnie, moje serce, przypominające o sobie gwałtownymi palpitacjami, było żywe jak nigdy wcześniej.

Potrzebowałam kogoś, z kim mogłabym porozmawiać — nie spoglądającego na zegarek psychiatrę czy pracownika opieki społecznej, nie rodziców. Kogoś, kto by zrozumiał. Miałam nadzieję, że samobójstwo pozwoli mi uciec od tego wszystkiego. Ale wróciłam do życia z tatą, który miotał się jak cholerny tygrys w klatce. „Po co się w ogóle urodziłaś? — zapluwał się z wściekłości. — Jesteś zwykłą kupą łajna. Ktoś powinien mnie od ciebie uwolnić". W tym jednym się zgadzaliśmy. A skoro nikt się nie kwapił, postanowiłam wziąć sprawy w swoje ręce. To była moja druga próba samobójcza. Zamknęłam się w łazience z wiatrówką taty, wycelowałam sobie w głowę i czekałam, czekałam z palcem na spuście. Ale nie potrafiłam tego zrobić. Byłam zbyt wielkim tchórzem, żeby wybrać takie tchórzliwe wyjście. Kiedy tego dnia wychodziłam do szkoły, prześladowały mnie głosy: „Niczego nie zrobisz jak należy. Życie traktuje cię jak żart, ale śmierć to wprost pokłada się ze śmiechu". Wszyscy śmiali się ze mnie do rozpuku. Byłam uwięziona w świecie pełnym śmiechu. Byłam eksponatem na kosmicznej wystawie dziwadeł. Bóg sprzedawał bilety wstępu, a zwiedzający pokazywali mnie palcami i śmiali się, śmiali, śmiali... Nie potrafiłam stawić czoła pogardliwym głosom, które osaczały mnie również w szkole, więc zaczęłam wagarować.

Z początku uciekałam na cmentarz przy kościele Św. Leonarda w Streatham; wałęsałam się między rozsypującymi się nagrobkami, przemawiałam do dusz zmarłych i — czasem dostawałam odpowiedź. Niektóre groby miały pewnie kilkaset lat. Nikt ich nie odwiedzał. Można tam było spotkać jedynie pijaków, narkomanów i przechodniów, którzy wybrali drogę na skróty. Natomiast ludzie w ziemi byli moimi przyjaciółmi. Taka Mary Ann West, na przykład, spadła z klifu. Spytałam ją, czy naprawdę spadła, czy skoczyła, czy ktoś ją zepchnął? Z jakiegoś powodu wolała zachować dyskrecję. Poszłam do biblioteki, żeby dowiedzieć się czegoś więcej o ludziach pogrzebanych w cieniu kościoła Św. Leonarda.

ŚWIAT PEŁEN ŚMIECHU

Spodobała mi się historyjka o rozpaczających żałobnikach na pogrzebie piwowara Thomasa Wakenana. „Co on zrobił z tą cholerną recepturą?" — musiał się niejeden zastanawiać. Cmentarz stał się moim drugim domem. Martwi ludzie nie osądzali, martwi ludzie trwali w milczeniu — w każdym razie, dopóki psychoza nie podniosła swego ohydnego łba.

Kiedy cmentarz mi się już znudził, kupiłam sieciówkę i zanim się rodzice zorientowali, przez kilka tygodniu po prostu jeździłam po Londynie metrem i autobusami. Nie miałam zamiaru wracać do szkoły. Po wizycie u psychiatry dziecięcego w King's College opieka społeczna przestała się wreszcie mnie czepiać. Za to mój staruszek był wściekły, że sama włóczę się po mieście. „Będę cię trzymał pod kluczem, aż zdechniesz, głupia suko!". Ale jak to on, niczego nie umiał przeprowadzić do końca. Kiedy nazajutrz mama otworzyła drzwi, wolał udawać, że ogląda telewizję, niż zaprotestować. Wyjątkowo nie miałam mu tego za złe: siedzenie w zamkniętym pokoju i sikanie do słoika to naprawdę nic zabawnego.

Następny rok spędziłam bezczynnie w fotelu, w towarzystwie telewizora i własnej psychozy. Telewizja była trudniejsza do wytrzymania. Byłam zbyt zdołowana, żeby robić cokolwiek innego. Miałam w sobie zaledwie tyle energii, żeby wywracać meble, tłuc lustra i nienawidzić całego świata. Stawałam się taka jak mój ojciec. Nadal chciałam umrzeć, nadal chciałam rozwalić ten pieprzony świat w drobny mak. Co dzień myślałam o samobójstwie. Kiedy budziłam się rano,

Dolly Sen

mamrotałam pod nosem: „Zasrane słońce — wolałabym zobaczyć śmierć". Obecność innych ludzi była nieznośną torturą, nawet jeśli się nie odzywali. Miałam bezustannie parszywy nastrój, więc rodzeństwo zaczęło mnie unikać, co z kolei wpędzało mnie w jeszcze większą paranoję. Miałam poczucie, że ranię ludzi, bo... żyję. Miałam poczucie, że tylko diabeł zwraca na mnie uwagę, tylko on interesuje się, co robię.

Miałam okresy katatonii. Całymi dniami się nie odzywałam — nie mogłam (a może nie chciałam) wydobyć z siebie głosu. Z domu wychodziłam tylko z mamą na zakupy i do biblioteki. Kiedy dziś opowiadam, że rzuciłam szkołę w wieku czternastu lat, ludzie się dziwią: „Przecież jesteś taka oczytana!". Biblioteka była moim drugim, a właściwie pierwszym domem. Jednorazowo można było wypożyczyć aż piętnaście książek, ale mi nawet to nie wystarczyło. Postanowiłam kształcić się sama, bo uznałam, że państwowa edukacja służy jedynie praniu mózgu. W bibliotece lubiłam słuchać opowieści innych moli książkowych o tym, jak się stali molami książkowymi. Stwierdziłam, że tytuły z list bestsellerów są nudne. Wyjątek stanowiły biografie. Uwielbiałam książki pisane przez zwyczajnych ludzi o zwyczajnych ludziach, czułam z nimi rodzaj wspólnoty. Zastępowali mi żywych przyjaciół. Pamiętam książkę o dzieciach zmarłych wskutek przemocy w rodzinie. Rozmawiałam z nimi, powtarzając: „Życzę wam, żebyście zaznały spokoju, żebyście tam, gdzie jesteście, mogły się bawić wszystkimi zabawkami, o jakich zamarzycie. Życzę wam, żebyście mogły się uśmiechać i żeby

ŚWIAT PEŁEN ŚMIECHU

nikt was za to nie bił". Wyobrażałam sobie, że po kolei je mocno przytulam, szepcząc im do ucha: „J a ciebie kocham". Przemoc jest okropna, bez dwóch zdań. Ale to nie ona powoduje największe cierpienie. Najstraszniejsze jest kompletne wyobcowanie — całkowita samotność, kiedy człowiek wie, że można go zatłuc na śmierć, a nikt mu nie pomoże, ba, nawet nie zwróci uwagi. Umrze opuszczony. Umrze niekochany. Umrze odrzucony przez świat bardziej zainteresowany telewizją i alkoholem.

Od czasu do czasu statystowałam w filmie albo towarzyszyłam tacie, kiedy trafiła mu się jakaś fucha. Pewnego razu miał dubingować dla BBC bohatera filmu dokumentalnego, Azjatę, który nie znał angielskiego. Oczywiście, żeby się na to zdobyć, musiał najpierw się upić. Początek był jeszcze dość gładki, choć już trochę bełkotliwy. W połowie filmu jednak tata zupełnie stracił panowanie nad sobą i zaczął okraszać tekst wulgarnymi przerywnikami w rodzaju: „Kogo, kurwa, obchodzi, co ten dureń myśli? Dlaczego m n i e nikt nie zapyta o zdanie?". A potem się dziwił, że jego agent coraz rzadziej proponował mu jakieś chałtury.

Kiedyś cała nasza rodzina dostała rolę w filmie. Nosił on tytuł: *Obce ciało*. Podejrzewam, że mało kto o nim słyszał. Tak czy owak, zadzwonił agent i powiedział, że potrzebuje rodzinę indyjskich nędzarzy. Pojechaliśmy więc do studia wszyscy siedmioro, łącznie z mamą, która jest rudowłosą i zielonooką Szkotką. Zamiast przebrać się na miejscu, tata zarządził, żebyśmy włożyli łachmany w domu i tak wystrojeni podróżowali komunikacją miejską. Byłam już wyzywana od „brudasów", kiedy nosiłam zwykłe ubranie, możecie więc sobie wyobrazić, jak się czułam w szmatach, których nie przyjęłaby żadna organizacja charytatywna.

Najgorzej miał Kenny. Musiał włożyć jaskraworóżowe, wyplamione dzwony. Oczywiście, ludzie wytykali go palcami i śmiali się z niego. Życie to taka rozkoszna komedia... Biedny Kenny chyba nigdy się nie otrząsnął z tej traumy. Jest teraz potężnie zbudowanym facetem o manierach prawdziwego macho, ale wciąż piszczy jak kobieta.

Nie było nas stać, żeby całą rodziną wybrać się do ogrodu zoologicznego, więc od czasu do czasu chodziliśmy do pobliskiego schroniska dla psów. Zamiast pięknych egzotycznych stworzeń oglądaliśmy bezpańskie, niechciane przybłędy. Zaczynałam się uczyć... czegoś.

Rodzice codziennie się kłócili. Mama była roztargniona i stale coś gubiła, a potem oskarżała tatę o kradzież. Tata był kleptomanem, ale miał sklerozę, więc oboje byli święcie przekonani, że mają rację. Byli gotowi stoczyć walkę na śmierć i życie z powodu głupiej filiżanki. Nie dało się z nimi dyskutować. Tata w ogóle nie uznawał cudzych argumentów, a jego własne były tak dziwaczne, że trudno było na nie odpowiedzieć, skoro nikt nie wiedział, o co tak naprawdę mu chodzi. Miał ulubione powiedzonko — oprócz tego, że jesteśmy pieprzonymi gnojami, rzecz jasna. Zrobienie czegokolwiek, co odbiegało od siedzenia bez ruchu

ŚWIAT PEŁEN ŚMIECHU

i w milczeniu, wywoływało jego natychmiastową reakcję: „Myślisz, że jesteś bohaterem?". O co mu chodziło? Pewnego upalnego dnia Sammy zdjął koszulkę. Tata wpadł w furię: „Dlaczego zdjąłeś koszulkę? Myślisz, że jesteś bohaterem? Myślisz, że jesteś Kennym Dalgleishem?". Kiedy parę lat później oznajmiłam, że chcę iść na studia, tata zapytał: „Po co ci jakieś głupie studia? Myślisz, że jesteś bohaterem? Albo jakimś profesorem? Już wiem, wydaje ci się, że jesteś Stephenem Hawkingsem... Ty też lubić mówić jak robot, prawda?".

I co, do cholery, miałam odpowiedzieć?

Chyba nigdy nie udało mi się normalnie porozmawiać z moim tatą. W jego pojęciu „normalna" rozmowa polegała na tym, że on mówi, a inni słuchają. Potrafił zadzwonić do kogoś i nawijać przez pół godziny, w ogóle nie dopuszczając drugiej strony do głosu. A jeśli komuś udało się wtrącić więcej niż trzy słowa, tata był oburzony: „Boże, ile można gadać?".

Kiedy tata był trzeźwy, potrafił być niewiarygodnie słodki. Przygotowywał *samosa* dla całej rodziny. Ale smażył ich ze trzydzieści i wpadał w depresję, jeśli nie zjedliśmy wszystkiego. Chciał decydować o najdrobniejszych szczegółach naszego życia, łącznie z tym, co jemy. Jeżeli na chwilę zostawiłam coś na kuchence, zaraz się zjawiał i dosypywał curry. Dodawał je do każdej potrawy. Poprosiliśmy, żeby tego robił, bo nam nie smakuje. „Coś się wam, do cholery, pomieszało — odparł. — Chyba zapomnieliście, że nie jesteście Biali!".

Dolly Sen

Fakt, zupełnie mi to umknęło. Cuchnący curry, pieprzony anioł rozkoszy!

To jednak była prawda — mentalnie byliśmy Anglikami. Ale czego się spodziewał? Nie próbował nam przekazać indyjskiego dziedzictwa. Naszym nauczycielem był telewizor. Tata nauczył nas tylko nienawiści. „Dlaczego nie mówicie żadnym z języków Indii? Przecież nie jesteście Biali". „Bo nas żadnego nie nauczyłeś" — odpowiadałam. To też była prawda, ale nie do końca. Umieliśmy przeklinać w języku urdu. Brzydkie słowa były najłatwiejsze do zapamiętania. Często słyszeliśmy je od taty. I czasem też mieliśmy ochotę mu powiedzieć: „Przecież nie jesteś Biały". Na przykład, kiedy mówił: „Spójrzcie na tych głupich Pakistańców. Powinno się ich odesłać do domu. Potrafią tylko bruździć nam, Brytyjczykom". Nasz indyjski tata miał czekoladową skórę. Kiedyś mama mu to wytknęła. Przeczuwając, co się święci, próbowaliśmy ją uciszyć: „Mamo, prosimy, nie mów mu tego...". Bez skutku.

I się zaczęło.

„Nie jesteś Biały!"

„Jestem!" — wrzeszczał tata.

„Nie jesteś Anglikiem".

„Głupia dziwka! Zawsze musisz się wykłócać!" Trzask! Prask! Dzieci płaczą...

Tata większość życia spędzał w fotelu, ale od czasu do czasu wpadał na genialny pomysł zarobienia pieniędzy, który napędzał go przy tydzień lub dwa. Jednym z takich pomysłów było sprzedanie naszego mieszkania bez wiedzy urzędu lokalowego. Po obejrzeniu programu *Antiques*

ŚWIAT PEŁEN ŚMIECHU

Roadshow postanowił zbić fortunę, skupując za grosze stare meble i odsprzedając je za grube tysiące. Wybraliśmy się z tatą na rekonesans do domu aukcyjnego w Croydon; wpadł mu tam w oko stary stół. Przed samą aukcją tata wypił kilka drinków i chociaż próbowałam go powstrzymać, uparcie włączał się do licytacji przedmiotów, które nie były nam do niczego potrzebne, a kiedy go przelicytowywano, burczał: „Pieprzone gnojki!". Udało mu się jednak kupić sporo bezużytecznych rzeczy, w tym kosiarkę, co, zważywszy, że wtedy nie mieliśmy ogrodu, było nie lada sukcesem. I znowu się nauczyłam... czegoś.

Tata postanowił wrócić do branży muzycznej. Skontaktował się z lokalnym samorządem, który organizował „Mela" — rodzaj festiwalu muzyki i kuchni azjatyckiej. Chyba przekonał ich, że na koncert przyjdą tysiące ludzi, a do tego wrobił Kenny'ego i mnie w grę na tamburynie. Za bardzo się baliśmy, żeby odmówić. Tak więc, ruszyliśmy na błonia Streatham, żeby zadziwić publiczność naszą sekcją perkusyjną. Okazało się jednak, że większym zainteresowaniem cieszy się współczesna muzyka indyjska i kiedy graliśmy, za całą widownię mieliśmy pewnego mężczyznę i jego psa. Widziałam, że tata bardzo się tym przejął. „Nie mają gustu!" — pomstował później. Próbowałam go pocieszyć, ale kazał mi się odpieprzyć. Tata był gotów odrzucić niezliczone dowody prawdziwej miłości w zamian za dowolny rodzaj sławy czy zainteresowania, które, jak na ironię, brał za przejaw miłości.

Dolly Sen

Spędzałam mnóstwo czasu, po prostu gapiąc się przez okno saloniku. Lubiłam obserwować, jak w zależności od pory dnia zmienia się kolor nieba, jak wędrują chmury i słońce. Jako mizantropka nie lubiłam obserwować przechodniów: denerwowali mnie samym pojawieniem się w polu widzenia. Okno wychodziło na ruchliwą ulicę, więc często byłam świadkiem wypadków. Niektóre z nich dostarczały mi sporo adrenaliny. Byłam tak znudzona i pełna nienawiści, że niecierpliwie czekałam na następny. Na szczęście jednak większość nie była śmiertelna i część "ofiar" o własnych siłach wracała do swoich domów. Szybko zrozumiałam, że moje przypływy adrenaliny są krótkotrwałe, a ci, co umarli, pozostają martwi na zawsze.

* * * *

Zbliżały się moje szesnaste urodziny, więc zaczęłam szukać pracy, żeby się wyprowadzić z domu na swoje. Kto jednak chciałby zatrudnić psychotyczkę, która w wieku czternastu lat rzuciła szkołę? W lokalnej gazecie znalazłam ogłoszenie CSV — organizacji charytatywnej, poszukującej wolontariuszy. W zamian za pracę na jej rzecz, otrzymywało się nocleg, wyżywienie i niewielkie kieszonkowe. Uznałam, że to idealne rozwiązanie. Złożyłam podanie i udałam się na rozmowę kwalifikacyjną. Zaproponowano mi pracę w Manchesterze. Miałam się opiekować mężczyzną chorym na porażenie mózgowe. Zgodziłam się bez wahania.

ŚWIAT PEŁEN ŚMIECHU

Byłam na tyle głupia, że sądziłam, że tata będzie dumny z mojego zajęcia. A jak zareagował? „Jeśli wyjedziesz, zabiję twoją matkę". Kiedy nie było mnie w domu, zadzwoniła koordynatorka z CSV, żeby omówić szczegóły. Odebrał tata. Zapytał z kim rozmawia, a ona mu powiedziała. Poinformował ją, że jestem niebezpieczną wariatką i złodziejką. Moja siostra podsłuchała tę rozmowę i wszystko mi przekazała. Cała (skądinąd niewielka) pewność siebie, którą wypracowałam w pocie czoła, żeby rozpocząć nowe życie, ulotniła się w mgnieniu oka. Popłakałam się ze wstydu. Kiedy skontaktowałam się z koordynatorką, powiedziała, że nie potraktowała serio tego, co powiedział mój ojciec, bo odniosła wrażenie, że jest pijany. Trochę mi ulżyło, ale z dawnego optymizmu i ekscytacji nie zostało ani śladu. W miarę jak zbliżał się dzień wyjazdu, atmosfera w domu stawała się coraz bardziej nieznośna. Któregoś razu mijał tatę w korytarzu, a on złapał mnie za włosy i wyrżnął moją głową o ścianę. „Jeśli wyjedziesz, możesz nigdy nie wracać. Nigdy nas więcej nie zobaczysz". Mama też była nieszczęśliwa. „Proszę, Dolly, nie wyjeżdżaj. Nie zostawiaj mnie". Moje rodzeństwo tuliło się do mnie i mówiło to samo: „Prosimy, nie zostawiaj nas".

W końcu nadszedł ten dzień. Spakowałam się poprzedniego wieczora, ale już wtedy czułam, że nigdzie nie wyjadę. Rano bałam się wstać z łóżka. Bałam się ojca, bałam się zostawić rodzinę, bałam się, że nigdy ich już zobaczę — bałam się rozpocząć nowe życie. Zawsze się bałam, ale tego dnia było dziesięć razy gorzej. Taki ciągły strach to potworne uczucie. Przepłakałam kilka następnych dni. Tacie zaś nie schodził z twarzy uśmieszek, który doprowadzał mnie do histerii. „To już koniec — myślałam. — Umrę w tym mieszkaniu, bo ojciec albo od razu mnie zabije, albo będzie to robił na raty, kawałek po kawałku".

Kiedy się już trochę uspokoiłam, zaczęłam szukać pracy trochę bliżej domu. Wychodząc, nie potrzebowałam już niańki. Nie dlatego, że tata nabrał do mnie zaufania. Po prostu był zbyt leniwy, a mama nie miała czasu. Zarejestrowałam się w urzędzie pracy w Croydon. Znaleźli mi posadę w fabryce sera w Wimbledonie. Pierwszego dnia naklejałam etykietki na opakowania. Praca była odmóżdżająco nudna i kiepsko płatna. Przemknęło mi przez myśl, że skoro tym mam się zajmować do emerytury, to zaraz po powrocie do domu popełnię samobójstwo. Ale się nie zabiłam, byłam zbyt zmęczona. Zamiast tego włączyłam telewizor.

To, co zobaczyłam w fabryce, na całe lata zniechęciło mnie jedzenia sera. Jaką bronią dysponują niewolnicy pobierający płacę minimalną? Tylko własnymi wydzielinami! Jeden facet przyznał, że onanizował się nad kadzią z serwatką. Sama widziałam, jak pewna dziewczyna pluła na Brie przed zapakowaniem. Po czterech tygodniach rzuciłam to w diabły. Miałam dosyć zapachu sera, którym błyskawicznie nasiąknęły wszystkie moje ciuchy.

Szybko znalazłam inną pracę, tym razem jako kasjerka w supermarkecie. Tej pracy też nienawidziłam. Wszystko robiło się na rozkaz, bez pozwolenia nie wolno było nic zjeść ani nawet się

ŚWIAT PEŁEN ŚMIECHU

wysikać. Za to uśmiech był obowiązkowy, mimo nadgodzin i wszawej płacy. Wszyscy kasjerzy na świecie mają ten sam problem z płatnymi torbami na zakupy. Co najmniej raz na godzinę trafiał mi się klient zdumiony, że musi zapłacić za torbę. Niektórzy z nich mieli prawdziwą nienawiść w oczach. Kilka razy bałam się o swoje życie. Kiedy próbowałam wszystko spokojnie wytłumaczyć, dawali do zrozumienia, że nie będą dyskutować ze „zwykłą kasjerką, która o niczym nie decyduje" i stawali się jeszcze bardziej agresywni, a czasem wręcz odmawiali zapłacenia za resztę zakupów. Ci sami ludzie bez mrugnięcia okiem wydawali fortunę na alkohol, papierosy i niezdrowe żarcie. Czasem proponowałam: „Proszę złożyć oficjalną skargę u osoby, która o tym decyduje". „Naturalnie, że złożę skargę!" — odpowiadali, ale wiedziałam, że tego nie zrobią. Obserwując to wszystko, nauczyłam się czegoś o ludziach. Czego? Nie jestem całkiem pewna... Postanowiłam ich olać, ale nie mogłam tego zrobić, pracując. Wdałam się w sprzeczkę z klientką, nawet już nie pamiętam, o co poszło. Pamiętam tylko jej oskarżycielsko wycelowany we mnie palec i słowa: „Ciebie wywalą, a mnie przyjmą na twoje miejsce!".

„To, kurna, zapraszam". W przerwie na lunch wyszłam ze sklepu i już nie wróciłam.

Stwierdziłam, że jednak spróbuję poszukać „normalnej" pracy i znalazłam kolejną posadę kasjerki, jeszcze bliżej domu. Po dwóch miesiącach pracy zachorowałam. Dotychczasowe kłopoty z tarczycą wzbogaciły się o krwotoki. Lekarz kazał mi wziąć kilka tygodni wolnego. Jak się okazało,

„wolne" miało potrwać znacznie dłużej... W tym czasie zapisałam się do Lambeth College, żeby wreszcie zdać maturę. Trafiłam na fajnych nauczycieli, którzy traktowali mnie jak dorosłą, więc czułam się tam jak ryba w wodzie. Tam też poznałam swoich pierwszych dwóch chłopaków, ale oba związki nie przetrwały długo, bo paraliżował mnie strach, że poznają mojego ojca. To przesądziło o charakterze wszystkich następnych związków. W żadnym nie przekroczyłam pewnej granicy. Kiedy tylko poczułam, że jesteśmy sobie zbyt bliscy, od razu zrywałam. Moje problemy z nawiązywaniem głębszych więzi uczuciowych miały swoje źródło, rzecz jasna, w molestowaniu seksualnym w dzieciństwie. Dopiero teraz, w wieku trzydziestu kilku lat, zaczynam sobie jakoś z tym radzić.

 Tak czy owak, jeden z tych chłopców kiedyś zadzwonił do mnie (nasz numer nie był jeszcze zastrzeżony), a telefon odebrał tata, który uznał, że jego rodzicielskim obowiązkiem jest skląć biedaka i zagrozić mu, że go zabije. Cholera, pomyślałam, niech wisi na telefonie jak najdłużej, to przynajmniej ja będę miała chwilę spokoju. W końcu jednak tata grzmotnął słuchawkę na widełki i spojrzał na mnie wściekłym wzrokiem. Z kącików ust ciekła mu ślina. „Co to za facet? Łajdaczysz się jak twoja matka? Nie mogę uwierzyć, że moja córka jest dziwką". Próbowałam udawać, że nie znam chłopaka, który dzwonił, ale obrałam fatalną taktykę. Tata wpadł w furię, stłukł mnie laską, której używał jako broni ulicznej i zamknął mnie w pokoju. Znowu musiałam sikać do słoika. A ponieważ nie mogłam wyjść przez drzwi, została mi tylko jedna droga ucieczki

ŚWIAT PEŁEN ŚMIECHU

— przez okno. Nie miało dla mnie znaczenia, że to drugie piętro. Właściwie miało to swoją zaletę. Usiadłam na parapecie, zastanawiając się: skoczyć czy naćpać się życiem? Wybrałam upokorzenia mojego pięknego życia.

Miałam dwa powody. Po pierwsze, mieliśmy dwa nowe psy. Nie musieliśmy ich kupować. Jednego sąsiadka z dołu trzymała na balkonie — zdarzało się, że szczekał parę godzin bez przerwy. Po kilku dniach Tata i Sheila zeszli spytać, dlaczego pies jest zamknięty. Sąsiadka wyjaśniła, że ktoś jej sprezentował zwierzaka, ale ona wcale go nie chce. Tata powiedział, że w takim razie my go weźmiemy. Sheba, bo okazało się, że to suczka, była rudym kundelkiem i trochę przypominała lisa. Była wychudzona i brudna. Kiedy Bobby podszedł, żeby ją obwąchać, warknęła na niego. Była nieufna i lękliwa, chowała się pod meblami i wychodziła tylko, żeby coś zjeść. Kiedy zabierałam ją na spacer, ilekroć ktoś nas mijał, dawała nurka pod zaparkowane samochody. Było jasne, że ktoś ją doprowadził do tego stanu częstym biciem. Prawie rok zachowywała się w taki sposób, ale potem, dzięki naszej miłości i cierpliwości, zaczęła wychodzić na jaw prawdziwa natura Sheby — małej zadziornej piekielnicy. Uwielbiała wszczynać bójki z najsilniejszymi psami na naszej ulicy, psami, które były od niej trzykrotnie większe. Kochała życie; uganiała się za muchami po całym domu. Czasem wpadała do pokoju pełnego ludzi, puszczała bąka i uciekała. Kiedy dzwonił zegar mikrofalówki, pędziła do kuchni i dopominała się o jedzenie. Uwielbiała jeść. Dwa razy miała szczeniaki, które sprzedaliśmy. Serce mi pękało, że nie wiemy, do jakich domów trafiły. Tata po prostu nie zawracał sobie głowy takimi drobiazgami. Napawał się myślą, jaki jest wspaniały, choć świat wokół niego krzyczał i płakał. Jeden ze szczeniaków Sheby, też suczka, został u nas. Nazwaliśmy ją Ginger. Była jeszcze bardziej zwariowana niż jej matka. Nie miała piętnastu centymetrów wysokości, kiedy zwędziła z kuchni kiść bananów i zaciągnęła do saloniku. Tak bardzo kochałam te psy, że nawet w ciężkiej depresji odpędzałam myśl o samobójstwie. Drugim powodem był... James Dean. Obejrzałam *Buntownika bez powodu* i film mnie dosłownie powalił. Świetnie rozumiałam, co przeżywa Jim Stark, odrzucony przez swych rówieśników. Miałam łzy w oczach, kiedy nikt się nie roześmiał z jego żartu w obserwatorium. Tak czy owak, był gwiazdą tego filmu i pokazał, że fajnie jest być samotnikiem i buntownikiem. Stał się dla mnie wzorem do naśladowania. Odgrywając scenki z filmu i w ogóle starając się być taka jak on, miałam zajęcie od rana do wieczora. Na wszystkich ścianach miałam jego plakaty. Zaczęłam wierzyć, że mogę z nim rozmawiać i odbyliśmy wiele fascynujących dyskusji o sztuce i życiu. Rozmowy ze zmarłymi przychodziły mi bez trudności; z żywymi się nie kleiły... To trwało ładnych parę lat. Przeczytałam chyba wszystko, co o nim napisano. A kiedy się dowiedziałam, że zginął w wieku dwudziestu czterech lat, poczułam jednocześnie smutek i zazdrość. Żył szybko, umarł młodo. Nie szukał stałej pracy, co mi bardzo imponowało. Tak zwaną „karierę zawodową" zaczynałam postrzegać jako wyścig z łyżką w zębach, na której zamiast jajka,

ŚWIAT PEŁEN ŚMIECHU

ludzie próbują utrzymać kupę łajna — wszystkie te rachunki, kredyty, raty... I prześladuje ich myśl: „Nie wolno mi tego upuścić. Muszę wygrać ten wyścig. Muszę być zawsze «do przodu»". A kiedy wygrywają, są niesłychanie z siebie dumni. Nie chciałam mieć z tym nic wspólnego.

Niestety, musiałam utrzymywać kontakty z urzędnikami z ubezpieczeń społecznych i pośredniaka. Stracili moje zaufanie, bo nawet nie zapytali, jaka praca mnie interesuje. Traktowali mnie jak gówno na bucie i wcale się z tym nie kryli. Podejrzewam, że zanim dostali swoje posady, musieli zdać egzamin z sarkazmu. Ale od taty słyszałam jeszcze gorsze rzeczy, więc raz na pół roku jakoś wytrzymywałam te poniżające, bezduszne przesłuchania.

Mniej więcej do dwudziestych pierwszych urodzin moje życie upływało między depresją i psychozą, oglądaniem telewizji i dzikimi awanturami. Ten stan najlepiej symbolizował dzwonek przy drzwiach, rzężący głupawą melodyjkę (tata nigdy nie zmieniał baterii, aż całkiem nie zdechły). Kiedy więc ktoś naciskał dzwonek, dobywała się z niego chrypliwa wersja *There's No Place Like Home* — „Wszędzie dobrze, ale w domu najlepiej"... W tym czasie wyrosłam już z obsesji na punkcie Jamesa Deana i szukałam nowego hobby. Nadal miałam depresję, ale nie tak głęboką: myśli samobójcze nawiedzały mnie tylko dziesięć razy dziennie, zamiast, jak zwykle, tysiąc. Tata za to świrował jak zawsze i miał nową obsesję: zbieractwo. Jak się dobrze zastanowić, to większość naszych mebli pochodziła z kontenerów na śmieci i wysypisk. To nie była kwestia oszczędności, ale jakiegoś wewnętrznego przymusu. Mieszkanie zostało tak zagracone, że można było się w nim zgubić. Ponieważ tata potrzebował coraz więcej miejsca na składowanie klamotów, z niektórych sypialni w ogóle musieliśmy się wynieść i spać po dwie osoby w łóżku, a nie byliśmy już dziećmi. Po kłótni z Sheilą tata po prostu wystawił jej łóżko na korytarz i zamienił jej pokój w rupieciarnię. Siostra musiała spać na sofie. Znosił do domu krzesła o trzech nogach. Nie dało się z nim dyskutować. „To antyki. Odnowię je" — zapewniał. Nie pozwalał wyrzucić wieży hi-fi, która zepsuła się dwadzieścia lat wcześniej. „Naprawię ją". Próba spokojnego wytłumaczenia, że firma, która ją wyprodukowała już nie istnieje i nigdzie nie znajdziemy części zamiennych, doprowadzała go do niezrozumiałej furii: „Przestańcie mi się, kurwa, ciągle sprzeciwiać!".

W tym czasie byłam zagorzałą czytelniczką pisma „SKY". Był tam „Kącik przyjaciół korespondencyjnych", więc się zarejestrowałam. Dostałam ponad dwieście odpowiedzi. Spędziłam cały dzień, czytając je uważnie i zastanawiając się, z kim chciałabym dalej korespondować. Autorami około trzydziestu listów byli zboczeńcy i psychole. Jeden facet chciał, żebym mu przysłała mu zdjęcie, jak siedzę na huśtawce w prześwitującej bluzeczce. W końcu odpowiedziałam dwunastu osobom, które mnie najbardziej zaintrygowały. Z upływem lat z większością straciłam kontakt, ale jeden z nich, chłopak, Adrian Gill, nadał mojemu życiu nowy kierunek. Często pisał o powieści, nad którą pracuje i uznałam, że to niezły pomysł. Lubiłam pisać opowiadania i wiersze, ale przeważnie

ŚWIAT PEŁEN ŚMIECHU

lądowały w koszu, bo nie traktowałam ich poważnie. Nigdy wcześniej nie myślałam o napisaniu powieści, ale Adrian rozbudził we mnie tę pasję. Mniej więcej w tym czasie przypadkiem odkryłam bitników — Williama Burroughsa, Allena Ginsberga i Jacka Kerouaca. W bibliotece stała książka, która nie dawała mi spokoju, dopóki jej nie wypożyczyłam; była to biografia Allena Ginsberga. Poznanie twórczości bitników odmieniło moje życie. To byli ludzie, którzy pisali tak, jak żyli. Pisali z duszy, nie z umysłu. Chciałam być taka, jak oni. Nie dbali o kunszt, formę i chwyty literackie, które mnie tylko usypiają. Przeczytałam wszystkie ich książki i wszystkie zapadły mi w serce. Depresja zelżała, zwłaszcza gdy przeczytałam *W drodze* Jacka Kerouaca. Też chciałam być wolna jak ptak. Ale ktoś walił do mnie jak do siedzącej kaczki.

Jedna z agentek taty, panna Warren, dwukrotnie wysłała mnie na przesłuchanie i w obu przypadkach dostałam propozycję niewielkich rólek telewizyjnych. W obu przypadkach także tata zadzwonił do agencji i powiedział, że nie chce, abym je wzięła, a następnie zawiadomił organizatorów castingu, że muszę opiekować się chorym dziadkiem. Byłam wściekła i z tej wściekłości prawie chodziłam po ścianach, ale jednocześnie nie miałam pojęcia, jak się postawić ojcu. Czułam, że z każdym dniem coraz bardziej go nienawidzę. To był kolejny przykład, że zazdrościł własnym dzieciom. Sabotował wszystko, co chciałam robić, gdyż, jak twierdził, „wie lepiej, co dla mnie najlepsze". Niedługo potem znów to się powtórzyło.

Dolly Sen

Mama uwielbiała oglądać „Strike It Lucky", teleturniej prowadzony przez Michaela Barrymore'a, i postanowiła wziąć w nim udział. Sama chciała tylko wduszać przycisk, który odsłania nagrody, ja miałam odpowiadać na pytania. Wysłałam podanie i pojechałyśmy do studia, nie licząc, że zostaniemy wybrane. Ale producent właśnie zażyczył sobie większej liczby niepełnosprawnych graczy, więc jednak nas wybrali. Nie pisnęłyśmy tacie ani słówka, ale on jakoś się dowiedział i nic nam nie mówiąc, wysłał list do Michaela Barrymore'a, błagając, żeby pozwolił mu wystąpić w „Strike it Lucky" z własnym programem.

W dniu nagrania przyjechał po nas samochód ze studia. Najpierw była próba, potem lunch. Było mnóstwo jedzenia, ale zbyt się denerwowałyśmy, żeby coś przełknąć.

Przed kręceniem musiałyśmy mieć zrobiony makijaż. Babka, która się mną zajęła, była pijana i nałożyła mi jaskrawopomarańczowy cień. A potem zaczął się show.

Michael Barrymore przedstawił zawodników; mamę i mnie na samym końcu. Poprosił mamę, żeby pokazała, jak się miga: „Kocham cię", a kiedy to zrobiła, na widowni ktoś coś krzyknął. To był tata. Michael zaprosił go na scenę i tata stanął przed kamerą.

Przedstawił się jako Chicko Patel i opowiedział parę kawałów, między innymi ten, że jego ulubionym żarciem jest curry z frytkami. Potem wrócił do moich sióstr na widownię.

Kiedy nagranie się rozpoczęło, byłam zupełnie spokojna, ale wtargnięcie taty kompletnie

ŚWIAT PEŁEN ŚMIECHU

wytrąciło mnie z równowagi. Źle odpowiadałam na łatwe pytania i zapomniałam o regulaminie gry. Nie wygrałyśmy, ale i tak zarobiłyśmy sporo pieniędzy, które pozwoliły spłacić część długów. Po nagraniu można było wypić drinka na koszt producenta. Tata wypił tyle, że ledwo trzymał się na nogach. Kierowca ze studia odwiózł na do domu.

Znów wściekłam się na tatę. Dla pięciu minut sławy mógł zrobić wszystko: odwrócić od nas uwagę widzów, a nawet publicznie nas obrazić. To mi przypomniało, że kiedyś zabierał nam puchary sportowe, opatrywał swoim nazwiskiem i potem się nimi chwalił.

Kiedy parę miesięcy później emitowano „nasz" odcinek „Strike it Lucky", miałam nadzieję, że jest coś ciekawszego na innych kanałach i mało kto obejrzy teleturniej. Aż cała skurczyłam się w sobie, widząc tatę, który robi z siebie błazna, i siebie jako córkę błazna. Nie chciałam wyjść z domu bez papierowej torby na głowie. „Niestety, nie mamy papierowych toreb, wyłącznie plastikowe" — oznajmił miejscowy sklepikarz. Ach, pomyślałam, w sumie plastikowa byłaby jeszcze lepsza... W końcu jednak wyszłam z domu, a ludzie oczywiście się śmiali i wytykali mnie palcami. Życie było pełne radości, a świat pełen śmiechu.

Jak mała gąbka w gigantycznym szambie po prostu nasiąkłam tym całym gównem. Zaczęłam marzyć o zabiciu taty, ale wiedziałam, że nie starczy mi odwagi. Tak więc, tłumiłam w sobie tę nienawiść, obracając ją przeciwko sobie, a moje ciało odpowiednio zareagowało i pojawiły się objawy psychosomatyczne. W całej lewej stronie, od stóp

Dolly Sen

do głów, czułam dziwne kłucie i mrowienie, byłam dziwnie osłabiona i miałam zaburzenia słuchu i równowagi. Zostałam skierowana na badania do szpitala St Thomas. Byłam przekonana, że mam stwardnienie rozsiane i że wkrótce umrę. Chciałam umrzeć. W końcu lekarze odkryli, że kłucie i mrowienie brało się z przyjmowania nadmiernych dawek leków tarczycowych i nakazali ich zmniejszenie, ale nie zdołali ustalić przyczyny reszty objawów. Kiedy wyszłam z depresji, uczucie osłabienia ustąpiło. Nadal jednak mam problemy z równowagą i słuchem. Podczas ostatnich badań neurologicznych przyjął mnie nowy lekarz. Rzucił tylko na mnie okiem i przepisał antydepresanty. Opuściłam szpital z diagnozą „rozwiniętej klinicznej depresji".

Moje rodzeństwo też na swój sposób cierpiało. Paula nie wytrzymała i w wieku siedemnastu lat uciekła z domu. Mama wpadła w histerię i musieliśmy ją uspokajać. Trudno uwierzyć, ale tata był szczerze zdziwiony tą ucieczką. „W tej rodzinie nie ma żadnych problemów" — oznajmił policjantowi, który przyszedł sporządzić protokół po zniknięciu Pauli. Widać jednak było, że gliniarz nie uwierzył tacie, wyglądał na takiego, co zwęszy łgarza na kilometr. W domu wszędzie się walały rupiecie i psie kupy. Tata nie zawracał sobie głowy wyprowadzaniem zwierzaków i nam również nie pozwalał wychodzić. Policjant to oczywiście zauważył. Zapytał tatę, gdzie sypiała Paula. Tata pokazał mu obskurny materac na podłodze, z taką miną, jakby to było najnormalniejsze miejsce do spania. Gliniarz zgłosił to do opieki społecznej.

ŚWIAT PEŁEN ŚMIECHU

Tamtejsi urzędnicy może zdają obowiązkowy egzamin z sarkazmu, ale ich specjalnością jest pozorowanie jakiegokolwiek działania. Odwiedzili nas Bóg jeden wie, z jakiego powodu i nawet nie chcieli widzieć się z Paulą, która po kilku tygodniach jednak wróciła do domu. Nie chcieli porozmawiać z nikim z nas na osobności i tylko przy tacie zapytali, czy używa wobec nas przemocy. Tata już wcześniej udzielił mi instrukcji, co mam mówić, więc zrobiłam, jak kazał, bo gdybym powiedziała prawdę, to nie uratowałby mnie najgorliwszy pracownik opieki społecznej... T e r a z to się wydaje cholernie zabawne.

Moim azylem stało się pisanie. Przelewałam na papier, co mi w duszy grało. Patrząc wstecz, samo już nie wiem, czy to poezja, czy psychoza. Sami zdecydujcie...

Serce wewnątrz słońca wewnątrz pustego wszechświata... puste krzesła wyrażają istotę duszy... Chcę coś poczuć — samoobsługowy tomograf — z drugiej strony — brzytwa też wytoczy krew z kamienia — aż moja filiżanka się przeleje — w mgnieniu oka; podarłam listy pożegnalne na strzępy — spójrz na kaftan bezpieczeństwa — znoszony, zmaltretowany, już się pruje w szwach... trzecia nad ranem, nieproszony gość ciszy, zostawia obsceniczne wiadomości na automatycznej sekretarce mojego umysłu — zbawienie w impotencji... Skąd na świecie tylu czerwonych Świętych Mikołajów, grających w syfilitycznego flippera — ściany zamieniają się w chmury — a okno staje się słońcem — mózg jest dziwnym urządzeniem; bezustannie odbiera wiadomości cierpienia, ale najstraszniejsze jest to, że czasem też je wysyła — jakby ktoś dzwonił z pogróżkami do samego siebie — a ten wiersz jest jedną z nich... Otwierałam oczy zanim wzeszło słońce — myśli samobójcze były moim budzikiem o tej wczesnej porze — samobójstwo było wygodnym łóżkiem — snem, który właśnie się śni — słońcem, które rozświetlając twój samotny świat, nie zamienia cię w popiół — no więc, tego ranka czekałam na śmierć z większym utęsknieniem, niż na kolejny odcinek telenoweli. Ale mój pistolet był w innym pokoju, kawał drogi, a ponieważ jestem leniwa, ponieważ moje tchórzostwo lśni niczym gwiazda, zamiast tego czekałam, aż wzejdzie słońce... Jestem Bogiem w ciele niczyim — ale czy nie jest to nasz wspólny los? Te głosy absorbują całą moją uwagę. W najpiękniejsze dni dyktują mi listy samobójcze — poetycka sprawiedliwość — rozdzierają mój umysł na strzępy; wypożyczają go martwym duszom, które się cieszą, że umarły... Czuję się okaleczona przez świat, zgwałcona przez życie — nie wybieram się wyżej, niż sześć stóp pod ziemię... Tortury — cierpieć bezustanne tortury i nie móc umrzeć — oto przeznaczone ci życie i wydaje się ono absolutnie cudowne...

Czasem nawet nie nadawałam tytułu swoim wierszom; nazywałam je po prostu: list pożegnalny nr 1, 2, 3 itd. Na przykład, poniższy wiersz to „List pożegnalny nr 1": Ludzie mówią, że życie jest zbyt krótkie — ja mówię, że noce są zbyt długie — nie mogę w ogóle spać, nie śpię w ogóle — tak, jasne, mówisz kpiąco, musisz spać, bo inaczej twoje ciało

ŚWIAT PEŁEN ŚMIECHU

i twój umysł nie dadzą rady — Masz rację, zgadzam się z całego serca — moje ciało i mój umysł nie dają rady. Ale wciąż żyję, nadal oddycham. Niestety, bezsenność nie jest stanem bezpośrednio zagrażającym życiu. Bezsenność jedynie doprowadza cię do szaleństwa — oczywiście, z pomocą setki innych drobiazgów — ale ona ma w tym szczególną wprawę — potrzeba jakiejś łaski, żeby dotrwać świtu, nie zabijając siebie lub kogoś innego. Może to być łaska daremna, bezużyteczna, trywialna — ale jednak łaska — promienie wschodzącego słońca wślizgują się jak węże i pożerają cię — tak łatwo napisać list pożegnalny...

... list pocieszający — nieco trudniej. Przyszedł list od babci ze Szkocji. Nasza babunia, macocha naszej mamy, miała kolejny udar, który na dobre ją przykuł do łóżka. Sam dziadek po prostu nie był w stanie zapewnić jej fachowej opieki, której potrzebowała, więc pozostawał szpital. Dziadkowi to złamało serce. Odwiedzał ją prawie codziennie. Mama koniecznie chciała pojechać do Szkocji. Chociaż nie miałam ochoty, pojechałam z nią. Wcześniej napisałam do dziadka, zawiadamiając, że go odwiedzimy i spróbujemy pomóc.

Dziadek powitał nas smutnym uśmiechem. Jego cierpienie sprawiało mi tak dotkliwy ból, że chciałam odwlec wizytę w szpitalu. Kiedy zaproponowałam, żebyśmy najpierw wybrali się na całodzienną wycieczkę do Glasgow, dziadek słusznie wybuchnął: „Napisałaś, że chcecie pomóc, a to żadna pomoc!". Poddałam się i poszłam do szpitala. Babunia Adelaide była żywym wcieleniem

Dolly Sen

babcinej dobroci i zawsze nas rozpieszczała. Nigdy nie słyszałam, żeby podniosła głos. Kilka razy spędziliśmy z nimi wakacje w Blackpool i świetnie się rozumieliśmy. Kiedy dziadek nie widział, babcia kupowała nam różne rzeczy. Weszliśmy na oddział, gdzie leżeli pacjenci długoterminowi. Na widok babci tak się przeraziłam, że mało nie wybuchnęłam płaczem; musiałam parę razy przełknąć ślinę, żeby się opanować. Wyglądała dziesięć lat starzej. Udar zmazał jej z twarzy uśmiech szczęścia i życzliwości, pozostawiając nieruchomą maskę. Babcia najwyraźniej chciała coś powiedzieć, ale z jej ust wydostawały się tylko bełkotliwe jęki. Chociaż jej twarz nie wyrażała żadnych uczuć, w jej oczach widziałam rozpacz, że nie może mówić. Kiedy zobaczyłam w nich łzy, miałam poczucie, że w nich utonę. Dziadek podszedł, żeby ją uścisnąć, co sprawiło jej psychiczny ból. Moje serce eksplodowało krwawym konfetti. Byłam pewna, że babcia czuje się jak eksponat na wystawie: nie może powiedzieć ludziom, żeby się od niej odpieprzyli i zostawili ją w spokoju. Odwiedziłam ją trzykrotnie, za każdym razem dowiadując się czegoś więcej o cierpieniu. Jest ono nauczycielem, który uczy o życiu, posługując się obcym językiem — a może to tylko jedno nudne słowo, powtarzane miliony razy — mantra ostrza brzytwy. Cierpienie. Cierpienie. Cierpienie. Cierpienie. Cierpienie. Cierpienie. Macie dosyć?

Cierpienie nie zważa, czy mamy dosyć. Po prostu bezustannie przychodzi. Tym razem w szpitalu wylądował wujek. Konkretnie na oddziale

ŚWIAT PEŁEN ŚMIECHU

psychiatrycznym. Wujek doszedł do wniosku, że mój tata jest demonem, więc zdiagnozowano schizofrenię. „Cholerny świr" — stwierdził tata. Ale ja tak nie uważałam. W tym, co powiedział wujek, było wiele racji...

Cierpienie, cierpienie, cierpienie, cierpienie...

Życie. Życie. Życie. Życie. Życie. Życie. Życie. Życie. Macie dosyć?

Tak, miałam dosyć. Żyłam w zatrutej bańce mydlanej, nie mogąc z nikim się porozumieć, a nikt nie mógł porozumieć się ze mną. Powoli się dusiłam. Powoli się dusiłam przed włączonym telewizorem. O moją przestrzeń myślową — szlag, o moją duszę! — walczyły bełkotliwe przekleństwa taty i demoniczne halucynacje słuchowe, więc poszłam do sypialni z brzytwą, jakby to była filiżanka herbaty. Wślizgnąwszy się pod kołdrę, podcięłam sobie żyły na obu nadgarstkach, a ciepła krew miała stać się moim okryciem na wieczną drzemkę. Nie sądziłam, że się obudzę. Nie chciałam się obudzić. Ale oczywiście się obudziłam, inaczej musiałby to pisać duch. Może zresztą to wcale nie jest takie dalekie od prawdy...
    Obudziłam się zalana krwią, ale żywa. Spojrzałam na otwarte rany na przegubach. Najwyraźniej nie były dostatecznie głębokie. Poza tym, powinnam była ciąć wzdłuż, a nie w poprzek. Tak czy owak, przynajmniej się wyspałam. Później jeszcze kilkakrotnie się samookaleczyłam, żeby rozładować stres. Bo czym była moja dusza, jeśli nie skórą zrzuconą przez maltretowane,

zdezorientowane zwierzę? Faza samookaleczania trwała jednak u mnie tylko miesiąc. Stwierdziłam, że samookaleczenie nie sięga wystarczająco głęboko. Wtedy mi się to znudziło, ale ja moim bliznom dotąd się nie znudziłam. Kiedy podaję komuś rękę, a ten ktoś spostrzega serce na mojej dłoni i blizny na moich nadgarstkach, od razu sztywnieje i potem omija mnie szerokim łukiem; uśmiecham się, ale już nie patrzy mi w oczy.

Ośrodek Pomocy Osobom Niepełnosprawnym (DSS) skierował mnie do pewnej instytucji w okolicach London Bridge, specjalizującej się w znajdowaniu pracy takim osobom. Pracownica tej instytucji wysłuchiwała litanii nadziei, marzeń i ambicji, a potem je wyśmiewała. „Jesteście niepełnosprawni, więc nie możecie mierzyć zbyt wysoko. Przykro mi, ale taki jest świat". Kiedy powiedziałam jej, że chciałabym zostać pisarką, nie mogła powstrzymać się od złośliwego uśmieszku. „Wybacz, ale chyba jesteś troszkę niepoważna". Straciłam do niej zaufanie, kiedy oświadczyła: „W społeczeństwie nie ma miejsca dla ciebie jako pisarki". Odkąd to posługiwanie się inteligencją i wyobraźnią jest aktem świadomego nieposłuszeństwa wobec społeczeństwa? O ile pamiętam, to był dziesięciotygodniowy „kurs przystosowawczy", ale ja zrezygnowałam już po tygodniu. Wiedziałam, że DSS pewnie cofnie mi zasiłek, więc postanowiłam się zabić, skacząc z okna. Jak to się często zdarzało, moje psy wyczuły, że szykuje się coś niedobrego i zaczęły wyć i skomleć. Wtedy mieliśmy już pięć psów. Kiedy się gziły między sobą, tata mówił: „Zostawcie je, taka

ŚWIAT PEŁEN ŚMIECHU

ich natura". Równie naturalny był produkt końcowy w postaci ośmiu szczeniąt. Sześć sprzedaliśmy, a dwa zostawiliśmy, bo nie było więcej chętnych; w sumie mieliśmy już piątkę. I to ja się nimi opiekowałam. Były moimi dzieciątkami i nie mogłam ich zostawić w świecie, w którym żył mój tata. Tak więc, ponownie — gorzko się uśmiechając — wybrałam życie.

Wybrałam się do miejscowej biblioteki, żeby poczytać o zasiłkach i postanowiłam złożyć wniosek o rentę inwalidzką. Wniosek został rozpatrzony pozytywnie, co oznaczało, że skończą się wizyty w pośredniaku, gdzie mogłam tylko kontemplować piękno natury ludzkiej i poczytać durne broszurki o społecznych aspektach pracy. Z pośredniaka i rozmów kwalifikacyjnych zawsze wychodziłam niezdecydowana, czy prędzej się zabiję, czy umrę ze śmiechu. Nie żebym była leniwa. Obecnie (2002) pracuję po 70-80 godzin tygodniowo, realizując własne projekty, i to uwielbiam. Ale gdyby ktoś mi ponownie zaproponował harówkę za minimalną stawkę i wykonywanie poleceń jakiegoś dupka, to moją odpowiedzią byłby wystawiony palec wskazujący... Dlaczego? Mogłabym zacząć przedstawiać argumenty moralne, polityczne czy filozoficzne, ale prawda jest taka, że po prostu czuję się za dobra na taką pracę. To poniżej mojej godności. To nie zajęcie dla nadwrażliwej, jąkającej się hemofilityczki, która regularnie się goli. Jestem bardziej podobna do ojca, niż byłabym gotowa przyznać. Co dzień przeżywam huśtawkę nastroju — od manii wielkości do kompleksu niższości —

niczym uśmiechnięty, martwy klaun kołyszący się na szubienicy.

Ograniczyłam moje kontakty z ludźmi do minimum. Nie bez przyczyny. Nieraz zaznałam dyskryminacji ze względu na moją chorobę psychiczną. Najgorsze było to, co się stało na naszej poczcie. Pracował tam facet, który wszystkich traktował po chamsku. Wypłacanie innym renty stanowiło dla niego nieznośną udrękę. Pewnego razu zapytał, dlaczego pobieram rentę. Odparłam, że z powodu choroby psychicznej. „Strata pieniędzy — powiedział. — Hitler wiedział, co robić z takimi, jak ty". Płakałam przez kilka dni.

Dyskryminacji zaznawałam nie tylko od obcych. Nawet pośród Azjatów znalazły się osoby, które poprosiły, żebym nie rozpowiadała o swoich problemach psychicznych. Wiedziałam, że mniejszość azjatycka czuje się już wystarczająco marginalizowana i demonizowana. Azjatka chora psychicznie? Tego już za wiele. Według statystyk, na które uwielbiają powoływać się rasiści, osoby należące do mniejszości narodowych są bardziej podatne na przewlekłe schorzenia psychiczne, jakby miały jakąś wadę genetyczną. To prawda, członkowie mniejszości narodowych częściej zapadają na choroby psychiczne — w Wielkiej Brytanii. Ale we własnym kraju chorują r z a d z i e j, niż Anglosasi. To uprzedzenia, izolacja, złe warunki mieszkaniowe i bezrobocie sprawiają, że mniejszości narodowe są częściej narażone na stres, który wywołuje i pogłębia choroby psychiczne. Tak więc, z jednej strony rozumiem, że nie-Biali boją się wszystkiego, co może spotęgować negatywne skojarzenia. Z

ŚWIAT PEŁEN ŚMIECHU

drugiej strony jednak, taka presja skazuje chorych psychicznie nie-białych na życie w świecie cierpienia, w świecie, którego są jedynymi mieszkańcami. Myślę zresztą, że paranoja jest całkowicie „naturalna" u tych nie-białych, którzy z powodu koloru skóry codziennie doświadczają agresji słownej i znajdują psie kupy w skrzynce na listy. Wiem o pewnej osobie, która właśnie z tego powodu popełniła samobójstwo.

„Niech was wszystkich szlag — pomyślałam — i tak zostanę najwybitniejszą pisarką współczesną" i zabrałam się do pisania mojej pierwszej powieści. Pisałam dniami i nocami pod wpływem *W drodze* Jacka Kerouaca i własnej manii. Chciałam, żeby książka była dziennikiem podróży, ale nie miałam zbyt wielu doświadczeń podróżniczych, w każdym razie nie z tej planety, więc opisy prawdziwych wydarzeń przeplatały się z fikcją i marzeniami. Trwało to sześć tygodni, bo kilka razy zaczynałam od nowa. Książka miała tytuł *Dewiacje*, a na pierwszej stronie umieściłam definicje tego słowa: „zboczenie z drogi", „odchylenie od właściwego kierunku", „błądzenie". Pisałam o tym, jak chciałbym żyć, mając jak najmniej do czynienia z biurokracją i wyścigiem szczurów, zawsze w drodze, bo żadne miejsce nie jest na tyle atrakcyjne, żeby się zatrzymać. Kiedy skończyłam książkę, moja mania jeszcze bardziej się nasiliła. Dni ciągnęły się jak stulecia; poleciałam na Słońce i z powrotem. Zmieniłam bieg historii, przestawiając jej bohaterów niczym figury na szachownicy. Byłam święcie przekonana, że moja powieść jest jedną z najwybitniejszych, jakie kiedykolwiek powstały, że pomoże zbawić świat i zdeprogramować umysły. Zaczęłam szastać pieniędzmi, ponieważ byłam pewna, że książka z dnia na dzień uczyni mnie milionerką. Tak więc, byłam zaskoczona, że kolejni wydawcy ją odrzucają. „Mają aż tak wyprane mózgi — wmawiałam sobie — że po prostu nie potrafią dostrzec jej wielkości". Poprosiłam dwie osoby, których zdanie ceniłam, żeby powiedziały, co o niej myślą. Usłyszałam, że powieść jest ciekawa, ale wymaga jeszcze sporo pracy. Obie stwierdziły, że dialogi są trochę nienaturalne, a język jest przesadnie zamerykanizowany. A co to, u diabła, jest dialog? Nie miałam w tym względzie zbyt wielu osobistych doświadczeń, jeśli nie liczyć rozmów z bogami i demonami. Chociaż z ich strony to była konstruktywna krytyka, to jednak wpadłam w głęboką depresję. Wróciłam do pisania dopiero w 2001 roku i gruntownie przepracowałam całą powieść, która stała się bardziej realistyczna; tym razem dialogi wzorowałam na prawdziwych rozmowach. Depresja po napisaniu pierwszej wersji trwała około roku. Skoro nie mogę pisać, myślałam, to moje życie nie ma sensu. Nie modliłam się już w nocy, bo słyszałam modlitwy zmarłych, niektórzy wrzeszczeli na Boga, żeby przerwał ich cierpienia. Nawet słuchanie tych rozpaczliwych skarg było lepsze, niż słuchanie własnych myśli: „Niczego nie potrafię zrobić, jak należy. Skąd mi przyszło do głowy, że mogę zostać pisarką? Wszyscy pewnie śmieją się z tego, jak piszę, tak samo jak się śmieją, gdy słyszą, jak mówię. Istnieję, żeby inni mieli ubaw — to moja rola na tym świecie. Dlaczego w autobusie ludzie się ode mnie odsuwają? Albo śmierdzę, albo jestem tak

ŚWIAT PEŁEN ŚMIECHU

potwornie brzydka, że nie mogą wytrzymać. Przestań się ze mnie śmiać, Szatanie! Przestań się ze mnie śmiać, Boże! Czy to nie zastanawiające, że Bóg i Szatan śmieją się z tego samego? Nikt mnie nie kocha, nawet własna rodzina. Woleliby, żebym umarła, mieliby święty spokój. Jestem zła i plugawię wszystko, co na mnie spojrzy. Niczego nie potrafię zrobić, jak należy. Po co w ogóle jeszcze żyję? Cierpienie, które od wewnątrz rozsadza moje ciało, jest zbyt wielkie na moją skórę, może powinnam ją rozciąć, żeby się ze mnie wylało. Wyłupię sobie oczy, żeby świat tak nie bolał. Nikt mnie nie kocha. Czy wobec tego śmierć mnie zechce, czy wypluje jak diabelskie nasienie? Powinnam się zabić, jaki sens ma takie życie? Chciałabym umrzeć, ale za bardzo się boję. Niczego nie potrafię zrobić, jak należy. Jestem zła, zła, zła, zła, zła, zła. Proszę, Boże, nie daj mi przeżyć kolejnego zasranego dnia. Niczego nie potrafię zrobić, jak należy. Żałuję każdej sekundy mojego życia. Jedyne, co gwarantuje przyszłość, to więcej powodów do żalu, więcej okazji do tchórzostwa. Mama powinna była zdecydować się na aborcję...". Każdej nocy całymi godzinami wysłuchuję tych zgryźliwych komentarzy, aż w końcu przysypiam ze zmęczenia. A kiedy się budzę, rozbrzmiewają na nowo, tak mnie paraliżując, że nie mogę unieść głowy z poduszki. Moja druga powieść, zatytułowana *Nowy dzień*, była z grubsza zapisem tych właśnie myśli.

Rok po napisaniu *Dewiacji* zaczęłam drugą książkę. Paliwa do napisania pierwszej dostarczyła mania; do pisania drugiej — depresja. W powieści

Dolly Sen

Nowy dzień nie planowałam szczęśliwego zakończenia. W ogóle nie miało być w niej nic szczęśliwego. Jej bohaterka, Donna, melduje się w obskurnym hoteliku, który nazywa się „Nowy Dzień". Ponieważ każdy następny dzień wydaje się jej bolesny i odstręczający, postanawia trwale się wymeldować — popełniając samobójstwo. Sytuacja się komplikuje, kiedy na scenę wkracza jej mąż, próbując udaremnić jej okropne plany. Chociaż Donna ma wystarczająco dużo powodów, żeby się zabić, to ostatecznie pcha ją do samobójstwa właśnie miłość, która miała ją uratować. To była filozoficzna proza, zainspirowana nocną gonitwą depresyjnych myśli. Z powodu depresji napisanie tej książki zajęło mi więcej czasu, około sześciu miesięcy. Tym razem nie posłałam jej wydawcom. Potem w miesięcznym okresie maniakalnym napisałam nowelę o seryjnej morderczyni. Uświadomiłam sobie, że bohaterami wszystkich moich książek są autsajderki, usiłujące przejąć kontrolę nad własnym życiem, usiłujące odzyskać to, czego, jak sądzą, zostały pozbawione, nawet jeśli czasami owa samokontrola miała negatywne skutki.

Na jakiś czas straciłam zapał do pisania. Mój psychiatra zaproponował, żebym wzięła udział w warsztatach dla osób z problemami psychicznymi i trudnościami w nauce. Bardzo mnie namawiał, twierdząc, że znajdę tam wsparcie i ciekawe rzeczy do roboty. Nie znałam wtedy nikogo, kto byłby chory psychicznie i doskwierała mi samotność, więc się zgodziłam.

ŚWIAT PEŁEN ŚMIECHU

Warsztaty odbywały się w Kennington. Pojechałam tam, przeszłam rozmowę kwalifikacyjną, a potem oprowadzono mnie po ośrodku. Działało tam wiele grup zajęciowych — malarska, dekoratorska, ogrodnicza, plastyczna. Ta ostatnia wydała mi się najbardziej interesująca. Zbliżało się Boże Narodzenie, więc pomogłam robić dekoracje, między innymi małe choinki. Dobrze się bawiłam i sporo nauczyłam, na przykład, obsługi komputera, ale wciąż byłam nieśmiała i mało z kim rozmawiałam. Dostawaliśmy tylko parę funtów tygodniówki, ale to mi się podobało. Miałam poczucie, że gdybym przyjmowała od kogoś dużo pieniędzy, to stawałabym się niejako jego własnością. Uczestniczyłam w warsztatach przez kilka miesięcy, a potem musiałam zrezygnować, bo w domu znowu rozpętało się piekło i mama chciała, żebym była przy niej i broniła ją przed tatą. Byłam wściekła na nich oboje, że sabotują każdą moją próbę ułożenia sobie życia. Mój umysł powtarzał swoją podstępną mantrę, która zaspokajała moje czarne serce: „On musi umrzeć. On musi umrzeć".

Sammy dostał pracę jako model. Pozował do zdjęć, które miały być zamieszczone w podręczniku szkolnym. Kiedy agentka otrzymała jego honorarium, tata przekonał ją, żeby wystawiła czek na niego. Sammy zarobił około dwóch tysięcy funtów i nie zobaczył z tego ani pensa. Tata wszystko przepuścił. Sammy się wkurzył — miał plany związane z tymi pieniędzmi — i zrobił tacie gigantyczną awanturę. „Ty draniu!" — wrzeszczał na niego. „Jak śmiesz tak mówić do własnego ojca! Jesteś jeszcze dzieckiem, więc miałem prawo decydować, co zrobić z tymi pieniędzmi. Musiałem popłacić te wszystkie cholerne rachunki". Wszyscy miewaliśmy starcia z tatą, teraz przyszła kolej na Sammy'ego. Wiedział, że forsa poszła na wódę, bo nadal przychodziły zaległe rachunki, niepłacone od miesięcy, a nawet lat.

    Wyglądało to coraz gorzej. Wszyscy w rodzinie byli wściekli albo mieli depresję. Nie widziałam żadnego dobrego rozwiązania, żadnego wyjścia z tej sytuacji. Zabić się czy obejrzeć telenowelę — to był wybór, przed którym stawałam codziennie po przebudzeniu. Nie mogłam się zebrać, żeby wstać i popełnić samobójstwo. Żeby żyć, wystarczyło usiąść.

    Tata klął na swoją agentkę, że nie załatwia mu pracy. Ale to było do przewidzenia: jego zachowanie na planie było coraz gorsze. Jedną z ostatnich fuch, którą zaproponowała tacie, mnie, Sheili i Pauli, był film hiszpański. Obowiązki wizażysty pełnił osobnik o nieokreślonej płci — wszyscy zerkali na niego z ciekawością. Tata, który był już zalany, pomachał do niego: „Jesteś facetem czy babką?". „Transseksualnym mężczyzną, a po operacji będę kobietą". Z resztkami kotleta na wąsach tata prychnął: „Brzydzę się takimi, jak ty". Na planie graliśmy klientów supermarketu. Po kilku ujęciach wszyscy mieli dość taty. „Ujęcie pierwsze. Akcja!". Pssssst... Ojciec otworzył puszkę piwa. „CIĘCIE! Ujęcie drugie..." „Co za gówno!" — tata wydarł się na nieposłuszny wózek sklepowy. „CIĘCIE! Ujęcie trzecie!" ŁUUUPS! Tata zwalił wystawę. Powiedziano mu, że jest wolny. Byliśmy już przyzwyczajeni do tych spojrzeń pełnych współczucia i odrazy, którymi nas obrzucano po

ŚWIAT PEŁEN ŚMIECHU

kolejnych wyskokach taty. Sheila i ja wróciłyśmy do pracy — miałyśmy „robić zakupy" w dziale spożywczym. W połowie ujęcia usłyszałam wołanie taty: „Dolly, Dolly, szybko, schowaj te pomarańcze do torby!". Zataczając się, wpakował się przed kamerę z naręczem skradzionych owoców. Tego dnia zrozumiałam, że tata żyje w swoim małym, izolowanym świecie. Nie było najmniejszej, zakichanej szansy, żeby go stamtąd wyciągnąć. Zresztą, już mi się nie chciało. Zaczynałam się gubić w moim własnym świecie coraz głębszej depresji, rozpaczy i śmiejących się demonów. Całe dnie spędzałam w fotelu, daremnie czekając na śmierć.

Wystąpiłam o zasiłek z tytułu niezdolności do pracy i musiałam zdobyć orzeczenie lekarskie. Cała procedura była okropna, a wynik przesądzony, zanim przestąpiłam próg gabinetu. Nie miałam nikogo, kto by mi pomógł: tata żył w swoim małym świecie, mama była głucha, a opieka społeczna umyła ręce. Później się dowiedziałam, że powinnam była zapewnić sobie fachową poradę prawną. Ale jak, do cholery, miałam tego dokonać, skoro problemem było dla mnie odbycie zwykłej rozmowy czy napisanie listu? Próbowałam nawet zadzwonić na infolinię, ale za każdym razem stałam ze słuchawką w ręce, nie wiedząc, co zrobić dalej.

    Tak więc, na skomplikowane, rozwlekłe pytania lekarza odpowiadałam monosylabami. Jedno pytanie zapamiętałam: „Wykonywanie jakich czynności uniemożliwia ci depresja?" Teraz zdaję sobie sprawę, że uniemożliwiała mi zrozumienie tego pytania i udzielenie na nie zrozumiałej odpowiedzi. Wtedy jedynie odburknęłam: „Nie wiem".

Lekarz miał formularz i w kratce przy tym pytaniu napisał: BO — „brak odpowiedzi".

Nie był idiotą. Wystarczyło, że spojrzał na mnie, żeby wiedział, co zrobiła ze mną depresja. Ale miał to gdzieś. Ludzie z DSS trzymali go za jaja, żeby jak najbardziej oszczędzał, a tym samym olewał potrzebujących. Nic więc dziwnego, że — podobnie jak większość chorych na depresję — miałam poczucie, że cały świat ma mnie gdzieś.

Lekarz był taki sam, jak urzędnicy z pośredniaka. Spotkałam tam parę sympatycznych osób, ale większość traktowała mnie z nieskrywanym poczuciem wyższości. Dopiero po wyjściu z depresji w pełni zdałam sobie sprawę, kim są ci ludzie — bezdusznymi, pozbawionymi wyobraźni, zakichanymi biurokratami. Boję się pomyśleć, jak wyglądałby świat, gdyby to oni o wszystkim decydowali. Cholera, przecież to oni o wszystkim decydują!

Niespodziewanie zadzwonił do taty producent teleturnieju Barrymore'a, zapraszając do pięciominutowego występu w programie. Tata był wniebowzięty. „To jest to!" — prężył muskuły. — Na to czekałem. Pewnie zaproponuje mi własny show. Będę bogaty!". Staraliśmy się go ostudzić, ale odparł: „Zawsze mnie dołujecie! Nie chcecie, żebym odniósł sukces". Chcieliśmy, ale wiedzieliśmy, że wszystko skończy się płaczem — jego i naszym.

ŚWIAT PEŁEN ŚMIECHU

Zasiadłyśmy z mamą i siostrami na widowni, chociaż wolałybyśmy zostać w domu. Komedia to złoto głupców i byłyśmy pewne, że tata zrobi z siebie głupca, co oznaczało, że jeszcze więcej ludzi będzie nas ze śmiechem wytykać na ulicy. Nadeszła chwila występu: tata zszedł po schodach z miną zagubionego turysty. „Czy to linie TWA?" — spytał. Roześmiałam się głośno, myśląc, że może nie będzie tak źle. Oczy taty błyszczały — oczywiście, był zalany. Powinnam była to przewidzieć. Z wypraw z tatą zapamiętałam, że w świecie show biznesu to właśnie komicy najwięcej piją i ćpają. Śmiech jest dziwnym językiem. Bycie zabawnym to nie to samo, co bycie szczęśliwym. A niektórym komikom to się chyba myli. Tata grał stereotypowego Azjatę, bez przerwy kiwając głową i mówiąc z przesadnym akcentem. „Nazywam się Chicko Patel". Zdjął buty i skarpetki i zaczął obcinać paznokcie u nóg. Cała się skurczyłam ze wstydu. Nienawidziłam swojego ciała za to, że nie może zrobić się niewidzialne. Po tym zdarzeniu nie śmiałam się przez cały miesiąc. Tata nauczył mnie, że śmiech bywa po prostu cholernie bolesny. Po programie jeszcze bardziej się upił. Kiedy wytrzeźwiał, oczekiwał gratulacji, a spotkały go tylko kpiny i wyrzuty azjatyckich gazet, krytykujących rasistowski *image* Patela. Mam wrażenie, że był zdruzgotany tymi reakcjami, ale robił dobrą minę do złej gry. „Ci Patelowie nie mają, kurwa, poczucia humoru. Powinni się cieszyć, że dzięki mnie są sławni". Jego nadzieje na sławę i pieniądze także spełzły na niczym. „Wszyscy chyba stracili poczucie humoru — narzekał. — Jestem wybitnym komikiem". A potem płakał w swoim pokoju. Tylko jego alkoholizm radośnie się uśmiechał. Jeśli się nie mylę, to Woody Allen powiedział: „Tragedia plus czas równa się komedia". Ale to działanie można odwrócić. „Komedia minus czas równa się tragedia"...

Miałam poczucie, że moje życie to tragedia, że jestem nikomu niepotrzebna i że dla wszystkich byłoby lepiej, gdybym umarła. Kiedy na ulicy mijałam śmiejących się ludzi, byłam pewna, że to właśnie ja ich rozbawiłam tym swoim nieudolnym i niedorzecznym istnieniem. Budziłam się w południe i o osiemnastej znów kładłam się do łóżka, starając się spędzać jak najmniej czasu na jawie. Nie mogłam czytać ani pisać; nawet oglądanie telewizji było zbyt wyczerpujące. Pogodne telenowele budziły we mnie mordercze żądze. Godzinami siedziałam w fotelu, marząc o śmierci, ale nie mając dość energii, żeby cokolwiek w tej sprawie przedsięwziąć. Jedynym moim sensownym zajęciem była praca w klubie dla głuchych, do którego należała mama. Spotykałam tam kobietę z opieki społecznej i błagałam ją, żeby pomogła mi zdobyć mieszkanie komunalne, żebym mogła zamieszkać z dala od taty. Odparła, że nie może nic zrobić, bo nie jestem głucha; porozmawiała jednak z moim psychiatrą, a kiedy dostałam w końcu mieszkanie, załatwiła mi kuchenkę gazową. Ale wtedy pomyślałam zrozpaczona: „Widzisz, Dolly? Kolejna osoba się na ciebie wypięła. Urodziłaś się tylko po to, żeby wszyscy mieszkańcy tej pięknej planety mieli się na kogo wypiąć".

U psychiatry musiałam się meldować co sześć tygodni. Każda wizyta wyglądała tak samo:

ŚWIAT PEŁEN ŚMIECHU

„Wciąż masz depresję?". „Tak". „Nadal chcesz umrzeć?". „Tak". Na co on zwykle odpowiadał: „Zwiększę/zmienię ci dawkę antydepresantów". Mówił, że moje życie jest bezcenne, ale przepisywał mi najtańsze prochy. (Uwielbiałam ironię. Powinno się ją produkować w tabletkach). Chociaż w sumie dobrze, że były tanie, bo gdy miałam największego doła, nie robiło różnicy, czy je biorę, czy nie. Moi rodzice znów mi nie pomogli — spędzali czas, szukając okazji, żeby jeszcze bardziej się znienawidzić. Taka sytuacja trwała mniej więcej rok. Potem w szpitalu zatrudniono nową terapeutkę i zwróciłam się do niej.

Nazywała się Rachel Murray. Naprawdę doceniałam jej serdeczność, ale w dłuższej perspektywie niewiele zrobiła, żeby złagodzić moją chroniczną depresję. Mniej przypominało to terapię, a więcej zwykłe pogaduszki z osobą, która się o mnie szczerze troszczyła. Tak czy owak, nasze spotkania nie potrwały długo, co zresztą przewidziałam. Kiedy właśnie zaczynałam się przed nią otwierać, oznajmiała, że czas minął. To było tak, jakby mnie przywieziono na salę operacyjną, otwarto mi jamę brzuszną i bez zszywania odwieziono mnie z powrotem ze względu na ograniczenia czasowe. Zakończyłam terapię z głęboką, ziejącą raną psychiczną, a na pożegnanie usłyszałam, że mam się pokazać za dwa tygodnie. Im więcej poznawałam osób leczących się psychiatrycznie, tym bardziej utwierdzałam się w przekonaniu, że to właśnie nasz główny problem: poczucie, że znajdujemy się na taśmociągu, który wiezie nas — czy tego chcemy, czy nie — od wizyty do wizyty. Rachel radziła mi, żebym potraktowała terapię jako okazję do oczyszczenia rany, która uniemożliwia mi produktywne życie, i podczas niektórych spotkań rzeczywiście udało mi się pozbyć części psychicznych śmieci. Kiedy jednak wracałam do domu, to okazywało się, że w ten sposób wytwarzała się próżnia, którą tata skwapliwie zapełniał swoją psychopatyczną flegmą.

Często kłóciłam się z Bogiem. Robiłam mu wymówki za stworzenie cierpienia i pedofilii, śmierci i mojego ojca. „Jeśli nie zabijesz taty — mówiłam — więcej się do Ciebie nie odezwę". Ale nazajutrz tata się budził, a ja znów rozmawiałam z Bogiem, choćby tylko skarżąc się na niebiańskie biuro obsługi klienta, które nie robiło nic w sprawie mojej bezsenności. Nie wierzyłam już w Boga, ale musiałam coś przedsięwziąć. Bezsenność nauczyła mnie, że nawet w piekle zawsze może być jeszcze gorzej. Znosić piekło za dnia, a potem nie móc schronić się we śnie, to jak leżenie na łożu z brzytew i wstawałam prawie dosłownie — w strzępach. Pewnego dnia nagrałam swoją bezsenność: na taśmie słychać, jak przewracam się z boku na bok, cicho szlocham i mruczę pod nosem: „Mózg to dziwne urządzenie, w końcu sam wierzy we własne kłamstwa... Kiedy umieramy, wszyscy idziemy do piekła, i ci źli, i ci dobrzy... Nie będzie ekspresowego końca świata, będzie powolny i bolesny. Może powinnam go przyśpieszyć, skończyć z tym całym pieprzonym badziewiem... Ból wschodzącego słońca... Nadal chciałabym umrzeć, ale mój dzień wypełniają praktyczne czynności, takie jak podcieranie się w

ŚWIAT PEŁEN ŚMIECHU

kiblu... Świat kontaktuje się ze mną tylko wtedy, gdy chce ode mnie pieniędzy...". Innej nocy w kółko powtarzałam: „Mam wrażenie, że światło przygasa"; do świtu musiałam to powiedzieć z dziesięć tysięcy razy. Czasem zabierałam do łóżka prawdziwą brzytwę, na wszelki wypadek, jako definitywny środek nasenny. A jednak poranne słońce trochę mnie ratowało. Jak napisałam w jednym z wierszy: „moje tchórzostwo lśni niczym gwiazda". Brzytwa była nieco trudniejsza do przełknięcia, niż życie.

Pewnego dnia dostałam list. Nienawidziłam otwierać listów: zwykle informowały, że jestem komuś coś winna. Nie miałam pojęcia, że moje bezwartościowe życie jest takie cenne. Byłam w takim dole, że dopiero po godzinie zebrałam się na odwagę. Kiedy już to zrobiłam, na mojej twarzy pojawił się uśmiech. List był z urzędu miejskiego, zawierał propozycję trzypokojowego mieszkania komunalnego dla mnie i Sheili. Złożyłyśmy podanie, kiedy miałam szesnaście lat. Chciałam się ubiegać o kawalerkę, ale powiedziano mi, że szybciej dostanę przydział, jeśli złożę podanie razem z kimś innym. Dziś wiem, że to nieprawda. Kiedy przyszedł list, miałam dwadzieścia sześć lat. Nie był to jednak wymarzony nowy początek. Mieszkanie znajdowało się o pięć minut spacerkiem od mieszkania rodziców i tata ciągle nas nachodził, zawsze pijany, czasem agresywny, strasząc dzieci bawiące się przed domem. Byłam wściekła, że nie mogę uciec przed ojcem. Przyczepił się jak rzep psiego ogona, wielki, pieprzony rzep. Sheila i Paula też wprowadziły się do nowego mieszkania, ale ponieważ ja lubiłam sprzątać i dbałam o porządek, a one wręcz przeciwnie, więc często się kłóciłyśmy. W końcu wyszło na to, że musiałam sama prowadzić dwa gospodarstwa domowe, co mnie wykańczało nerwowo. Samobójstwo wydawało się oferować wygodniejsze lokum. Do mieszkania nad nami wprowadzili się nowi sąsiedzi, którzy przytargali z sobą maszynę do karaoke. Słuchając, jak fałszują piosenki Boyzone, miałam ochotę zabić ich, a nie siebie. Sąsiedzi rodziców nie byli lepsi. Poskarżyli się do urzędu lokalowego na ciągłe zaczepki ze strony taty i w rezultacie całej rodzinie zagrożono eksmisją. Wszyscy mieli być ukarani za błazeństwa naszego ojca. Na moją paranoję to podziałało jak koktajl Mołotowa.

Był początek 1997 roku. Od dawna już nie spodziewałam się po Nowym Roku niczego nowego, raczej starego, dobrze znanego szajsu. Z domu wychodziłam jedynie wtedy, gdy trzeba było wyprowadzić psy na spacer, pomóc mamie przy zakupach, albo odfajkować wizytę u psychiatry, a przy okazji poinformować go, jak cudowne mam życie. Sammy właśnie kupił samochód. Wszyscy go podziwiali, a ja się zastanawiałam, kiedy się w nim zabiję spalinami. Powiedziałam o tym Rachel, mojej terapeutce. „A co z psami, przecież nie chcesz zostawić?" — zapytała, wiedząc, jak kocham moje psy. „Psy jadą ze mną" — odparłam. Terapeutka zawiadomiła psychiatrę, a psychiatra skierował mnie do Zespołu Interwencji Kryzysowej w Ośrodku Zdrowia Psychicznego przy Levin Road w Streatham. Wybrałam się tam z listem od psychiatry, nie mając pojęcia, czego oczekiwać.

ŚWIAT PEŁEN ŚMIECHU

Trochę się bałam, że zamkną mnie w pokoju bez klamek, a klucz wyrzucą za okno. Ale znów ogarnęła mnie taka apatia, że wszelkie emocje ulatniały się równie szybko, jak puszczony bąk.

Ośrodek Zdrowia Psychicznego znajdował się w bocznej uliczce i był to raczej zwykły dom, niż celowo zbudowana klinika. Najpierw odbyłam rozmowę z Chrisem Hartem. Powiedziałam mu, że nie widzę sensu dalszego życia. Kolejny dzień oznaczał kolejną awanturę z tatą i kolejny rachunek od reszty świata. Zwierzyłam mu się również, że w moim odczuciu i tata, i mama traktują mnie jak swojego rodzica i zawsze oczekują, że uporządkuję bajzel, który oni narobią. Ojciec miewał napady furii, a matka była zbyt przerażona, żeby cokolwiek przedsięwziąć, więc była w pełni zdana na mnie. Położenie się wieczorem do łóżka nie przynosiło wytchnienia, lecz własne piekło. Samobójstwo było kolejnym rozkapryszonym bachorem, którego miałam pod opieką i który stale szarpał mnie za rękaw, domagając się mojej uwagi. Całymi nocami próbowałam się od niego uwolnić. Miałam poczucie, że coś mnie pcha w jego objęcia, bo czasem wcale nie chciałam umierać. Kiedy tylko niebo za oknem szarzało, moja czarna, samobójcza depresja ze śmiechem wypełzała z kąta sypialni.

Powiedziałam Chrisowi, że dwa razy świadomie przedawkowałam leki, raz w 1995 roku, drugi — rok później. Śmierć jednak wtedy po mnie nie przyszła, a tylko zakpiła sobie ze mnie, wpychając do butelki mdlącego bólu i bolesnych mdłości. Pokazałam mu również blizny na przegubach, kolejna porażka. Zapytał, czym się zajmuję w ciągu dnia. Opowiedziałam trochę o pracach domowych i sporo o telenowelach. Byłam warzywem.

Jak wyglądałam? Duża nadwaga, codziennie te same ciuchy, rzadki uśmiech i unikanie cudzych spojrzeń, wzrok zawsze wbity w ziemię, stale zgarbiona. Acha, jeszcze historia moich samookaleczeń, więc nie zapomnijcie o licznych bliznach na rękach. Z Chrisem łatwo się rozmawiało. Jak papuga o samobójczych skłonnościach, w kółko powtarzałam: chcę umrzeć, chcę umrzeć, chcę umrzeć... Chris nigdy mnie nie strofował, a tylko spokojnie naprowadzał na inny temat. Uzgodniliśmy plan bezpieczeństwa: gdyby naszły mnie myśli samobójcze w ciągu dnia, miałam się skontaktować z Chrisem; gdyby stało się to w nocy, miałam zamknąć okno (bo kusiła mi wizja przejścia do innego świata przez okno w mieszkaniu rodziców na drugim piętrze), powiedzieć komuś, co się ze mną dzieje i w razie potrzeby wezwać pogotowie. Przystałam na to, choć wiedziałam, że jeśli myśli samobójcze będą wystarczająco natrętne, to kartka z naszym planem okaże się tylko papierem toaletowym, którym świat się podetrze po moim gównianym życiu i zasranej śmierci.

Kontynuowałam spotykania z Chrisem. Poprosił, żebym prowadziła dziennik i zapisywała swoje myśli; chciał mi pokazać, jak negatywną postawą są skażone. Pisałam przez miesiąc.

Oto kilka wyjątków:

ŚWIAT PEŁEN ŚMIECHU

„Budzę się. Jestem ponura, otępiała, samotna. Kolejny dzień bezskutecznej walki z problemami finansowymi i rodzinnymi. DSS wysłał mnie na rozmowę kwalifikacyjną w sprawie pracy, która zupełnie mnie nie interesuje. Nie znoszę, kiedy to się dzieje. Zawsze wtedy utwierdzam się w przekonaniu, że nie mam żadnego wpływu na własne życie.

Pojechałam na spacer do Battersea Park, żeby się uspokoić. Słońce podniosło mnie na duchu, a chmury płynące nad drzewami podziałały odprężająco. Kiedy słońce prześwieca przez zieleń, wlewa we mnie życiodajną substancję. Ale powrót znowu wysysa ze mnie całą energię: mam wrażenie, że wszyscy plotkują o mnie za moimi plecami. Moje życie znowu staje się mdłe i nudne i jak wszelki chaos — przerasta moje zasoby emocjonalne i finansowe.

Kiedy się budzę, nowy dzień wydaje się bez sensu, ale nie mam sił, żeby coś zmienić na lepsze. W poczcie list, który poprawia mi nastrój. Jeden z moich wierszy zostanie umieszczony w antologii, która niedługo ukaże się drukiem. To mnie mobilizuje do uporządkowania ostatnich prac i wysłania ich do wydawców. Kiedy piszę, czuję, że moje życie ma cel, ale są dni, kiedy nie jestem w stanie się podpisać, nie mówiąc już o napisaniu wiersza. Zresztą, to dobre samopoczucie szybko mija. Wystarczy, że listonosz przyniesie rachunki. Żyję z dnia na dzień. Nie, nie żyję — wegetuję. Jestem pełna niczego...

Dolly Sen

Budzę się i jak zwykle chcę umrzeć, ale jestem zbyt samolubna, żeby być trupem. Jestem przekonana, że tylko połowa mojego umysłu rzeczywiście należy do mnie, drugiej połowy nie czuję, nie znam, nie rozumiem. Cierpię bezustanne tortury, ale nie mogę umrzeć. Moja sytuacja życiowa jest tak przygnębiająca, że mam ochotę zrobić sobie krzywdę. W gruncie rzeczy, wcale nie chcę umrzeć, to moja depresja sprawia, że czuję się, jakbym chciała.

Ktoś powiedział: „Zostaw pisanie i znajdź sobie normalne zajęcie". „Wal się" — odparłam.

Rezygnacja z niesmakiem to nie to samo, co apatia.

W moim umyśle nie kłębią się żadne myśli, raczej zniekształcone obrazy, rozbłyskujące od czasu do czasu: wielkie, czarne słońce; szyba roztrzaskana kulą; ja w nieznanym ogrodzie...".

Można powiedzieć, że nie byłam pozytywnie nastawiona do życia...

Stwierdziłam, że spotkania z Chrisem mijają się z celem: ja w kółko mówię, że chcę umrzeć, a on to w kółko notuje. Mówiłam bardzo monotonnie, mój głos był tak płaski, że można by na nim prasować. Moja choroba miała regularność zegarka, a schemat zawsze był taki sam: 10 dni dobrego samopoczucia, 10 dni hipomanii lub manii, 10 dni złego samopoczucia, a potem kilka dni objawów psychotycznych. Zazdrośnie strzegłam okresów

ŚWIAT PEŁEN ŚMIECHU

euforii. Wiedziałam, że psychiatrzy uznają to za manię. Nie mówiłam im o tym, bo nie chciałam, żeby wyrywali mnie z haju. Zresztą, wystarczył kwadrans w poczekalni, żeby ściągnąć mnie na ziemię. Jak napisałam w jednym z wierszy, „pogodziłam się ze śmiercią, siedząc w poczekalni". Powiedziałam Chrisowi, że najbardziej bym chciała, żeby wszyscy dali mi święty spokój. Ale potem znów wysłałam mu przeciwstawny sygnał i przychodziłam na kolejne sesje, żeby po prostu nie gadać do ściany. Wszystkie kontakty z moją rodziną natychmiast wywoływały u mnie myśli samobójcze albo przemożną chęć samookaleczenia. Miałam poczucie, że moja rodzina mną pomiata, ale nie znajdowałam w sobie dość energii czy motywacji, żeby się temu przeciwstawić. Chris radził, żebym się zapisała na kurs asertywności, ale ja nie chciałam, ponieważ, jak na ironię, za bardzo się bałam krytyki.

Chris napisał: „Omawialiśmy potrzebę samookaleczania, ale Dolly nie tłumaczy tego zbyt jasno". Zasadniczo widziałam to jako równanie: cierpienie + samobójstwo = brak cierpienia.

Kiedy człowiek jest w głębokiej depresji, to zwykle uważa, że wszyscy pieprzą bzdury. Tak więc, nie słuchałam nikogo, zwłaszcza siebie. Tym samym wpuszczałam na scenę moje wewnętrzne demony, którym przygrywała orkiestra halucynacji słuchowych. Wielokrotnie błagałam lekarzy i pielęgniarki, żeby pomogli mi wynieść się z Londynu, z dala od mojej rodziny, ale w odpowiedzi słyszałam, że pomogą mi uporać się z moimi problemami. Chciało mi się wyć, ale nie chciało mi

Dolly Sen

się otworzyć ust. Ciekawe, myślałam, czy dalej wciskaliby ten sam kit, gdyby trochę pomieszkali z moim ojcem. Można powiedzieć, że byłam na nich mocno wkurzona. Potrafili godzinami zajmować się chemią mojego mózgu, ale zapewnienie mi bezpiecznego lokum wcale nie wydawało im najpilniejszą potrzebą.

Chris próbował mnie skłonić do rozmowy o przeszłości. „Nie ma co płakać nad rozlanym mlekiem" — powiedziałam. Ale potrzebowałam tylko odrobinę zachęty ze strony Chrisa, żeby zacząć płakać nad rozlanym mlekiem, krwią i łzami, w których powoli tonęłam. Chris powiedział, że nie wolno mi „uniwersalizować" mojego doświadczenia, uznając, że wszystko, co robię, jest złe i beznadziejne. Z drugiej strony, takie właśnie było moje „uniwersum" — obskurne mieszkanie, zepsuty telewizor i ojciec-alkoholik. Kiedy nie byłam w depresji, byłam postrzegana jako osoba sfrustrowana, agresywna i nieżyczliwa. Dziś już rozumiem, dlaczego. Jestem z natury hiperkreatywna, a wtedy nie miałam czasu, okazji, środków ani bezpiecznego otoczenia, żeby dać upust swojej kreatywności. Ten nadmiar energii musiał gdzieś znaleźć ujście; czułam się, jak w kaftanie bezpieczeństwa — za małym o dziesięć rozmiarów. Wszystko, co miałam do powiedzenia światu sprowadzało się do kilku słów: „WALCIE SIĘ! WALCIE SIĘ! WSZYSCY WALCIE SIĘ!". I powtarzałam to wszystkim — tym którzy mnie zawiedli, tym, którzy w ogóle mnie znali i tym, którzy mi pomogli. Miałam taki mętlik, że chciałam, dosłownie, wyskoczyć ze skóry. Wyobrażałam sobie, że kupuję strzelbę i strzelam do

ŚWIAT PEŁEN ŚMIECHU

przypadkowych ludzi w ratuszu, w mojej dawnej szkole, w supermarkecie. Nikomu się nie zwierzyłam z tych krwawych fantazji.

Rok ciągnął się jak guma. Resztę miesięcy starałam się po prostu przespać. Prześladowało mnie pragnienie wyłupienia sobie oczu. Dość się naoglądałam tego świata. Kilka razy stanęłam przed lustrem z brzytwą przy oczach. Dalej się nie posunęłam. Zamiast tego wycinałam sobie „uśmieszki" na skórze — „Patrzcie, gnojki, jaka jestem szczęśliwa!".

Osiemnaście miesięcy po ostatniej sesji z Chrisem miałam kolejny kryzys i znowu wylądowałam na Lewin Road. Głosy powróciły z całą mocą. W ciągu dnia tylko kilka razy milkły, ale zaraz ponownie się odzywały. Wyobraźcie sobie, że demoniczne głosy dwadzieścia cztery godziny na dobę opowiadają wam o torturach, które cierpicie. Mówiły też, żeby nikomu o nich nie mówiła. Kiedy zwierzyłam się psychiatrze, powiedziały, że pożrą mnie, kiedy zasnę. Słyszałam odgłos rozszarpywanego mięsa... Wtedy zawsze się budziłam i przerażona szukałam śladów po ugryzieniu. Czasem odczuwałam fizyczny ból, jakby kłów wbijających się w moje ciało. „Uśmiechnij się" — powiedział do mnie jakiś nieznajomy na ulicy. Chyba możecie zrozumieć, że miałam ochotę zamordować drania gołymi rękami?

Połknęłam około dwudziestu tabletek Prozaku. Jedynym skutkiem były dreszcze i poty, ale nie sen, nie mówiąc o śmierci. Powiedziałam Chrisowi, że tak naprawdę to nie chciałam umrzeć — po prostu nie chciałam się już czuć, tak jak się czuję.

Dolly Sen

Wyobraźcie sobie, że wasz ojciec przez tysiąc dni tysiąc razy dziennie zwraca się do was per „głupia dziwko". Sprzątając sypialnię, znalazłam stary zestaw „Małego chemika". Tata jak zwykle chrapał na sofie obok napoczętego piwa. Głosy powiedziały, żebym wszystkie odczynniki, które mi zostały, wsypała do otwartej puszki. Zrobiłam to i usiadłam w pobliżu, obserwując go, czekając, aż umrze. Szybko mi się to jednak znudziło i zaczęłam oglądać telewizję. Nie wyszła z tego nawet próba zabójstwa, skończyło się na niestrawności. Głosy rechotały się mojej porażki.

Czułam się całkowicie bezsilna, co jest typowym objawem depresji. Podam jeden przykład. Siedziałam w kuchni, gapiąc się w telewizor. Z kranu nad zlewem kapała woda z wkurzająco regularnym pluskiem. Wściekłość, która we mnie wzbierała, była żrąca jak kwas siarkowy. Cieknący kran doprowadził mnie do płaczu i niemal pchnął do samobójstwa. Wszystko, co musiałam zrobić, to wstać i go mocniej zakręcić. Ale w depresji wszystko wydaje się takie bezsensowne, że nie rozumuje się w ten sposób. Depresja paraliżuje i wpędza w poczucie winy za ten paraliż. Uważałam, że zasługuję na śmierć z powodu kapiącego kranu.

Niektórzy cierpiący na psychozę nie powinni się poddawać psychoterapii. W moim przypadku to się sprawdziło. Chris i ja pochodziliśmy z dwóch różnych światów. Ja z pewnością nie pochodziłam z Ziemi. Lubiłam rozmowy z Chrisem, czasem naprawdę pomagały złagodzić stres. Ale

ŚWIAT PEŁEN ŚMIECHU

nabrzmiewały we mnie głębsze, mroczniejsze problemy.

W 1999 roku miewałam okresy „normalności", ale głosy tak się nasiliły, że byłam gotowa zabić siebie lub kogoś innego, byleby je uciszyć, byle się uwolnić od tego koszmaru. Byłam tak zdesperowana, że powiedziałam o nich Chrisowi, chociaż groziły zagładą świata, jeśli to uczynię. Chris zapytał, co mówią. Wyjaśniłam, że, według głosów, ojciec ma zamiar mnie zamordować i wobec tego powinnam go ubiec. Rozmawialiśmy o tym, jakie to dla mnie stresujące. Oświadczyłam, że chcę się zabić, bo głosy nigdy nie zostawią mnie w spokoju.

W połowie marca wszystko zaczęło się sypać. Chciałam umrzeć, ale głosy mówiły, że nawet po śmierci mnie nie opuszczą, a ja im wierzyłam. „Jesteś kupą łajna — przekonywały mnie. — Zdychaj, suko. Nawet twoja rodzina życzy ci śmierci. Właśnie teraz planują, jak cię zabić". Kiedy siedziałam z rodziną przy stole, miałam wrażenie, że dają sobie tajemne znaki, w jaki sposób mnie zamordują. Potrafili czytać w moich myślach i je odpowiednio zakłócali. Byłam pewna, że są oni antenami radiowymi demonicznych „obcych". Moje urojenia obejmowały cały świat. Święcie wierzyłam, że światowi przywódcy polityczni są tylko marionetkami w rękach „obcych", którzy planują dla rozrywki zniszczyć Ziemię. Napisałam broszurkę, którą zamierzałam kolportować na całym świecie, ostrzegając przed bliską inwazją. „Dowodem" miała być zaszyfrowana informacja, którą nadano w wiadomościach telewizyjnych. Szperałam w Biblii, szukając potwierdzenia, a moją broszurkę opatrzyłam mottem z *Bagawadgity*: „Jaśniej niż tysiące słońc świeci boska chwała, oto ludzie ze wszystkich krańców ziemi giną w twoich ognistych ustach. Twoja lśniąca chwała przenika cały wszechświat... Pan wszechrzeczy przemówił: «Oto ja, wielki niszczyciel świata, który wygubi całą ludzkość»...". Moim zdaniem, to był dowód, że UFO zamierza podbić Ziemię.

„Bóg i demony — pisałam — to dwa odłamy tej samej rasy «obcych». «Obcy» Boga odkryli Ziemię i przeprowadzili eksperyment, tworząc nową formę życia. Dokonali tego, wykorzystując swój materiał genetyczny i w ten sposób z małpy powstał homo sapiens".

Napisałam także: „Tak zwana «rzeczywistość» to najbardziej wyrafinowana technika manipulacji, jaką kiedykolwiek wynaleziono i zastosowano. Powoduje, że prawda wydaje się nam absurdalna i trudno w nią uwierzyć. Teraz jednak została mi objawiona mała cząstka tej prawdy. Zdemaskuję tę złą rzeczywistość. Ludzie są tacy samolubni. Toczą wielkie debaty, używając swoich móżdżków i myślą, że są najwyższą formą życia. Pewnie karaluchy też się przechwalają, jakie są wspaniałe — oczywiście, do czasu, kiedy coś większego nie zstąpi z góry, żeby je rozdeptać. Rzeczywistość to życie w kłamstwie. Żeby kontrolować działania, trzeba kontrolować myśli. Demoniczni «obcy» robią to, stosując terroryzm psychiczny. Przygotowują apokalipsę, wtłaczając swoje idee, pojęcia i instrukcje do umysłów pewnych ludzi, którzy spowodują wielkie

ŚWIAT PEŁEN ŚMIECHU

zniszczenia i chaos, doprowadzając ludzkość do upadku...".

Napisałam też o mojej rodzinie: „Przejęli kontrolę nad moją rodziną, bo wiedzą, że wiem o nich i o tym, co zamierzają. Moja «rodzina» już nie wygląda, jak prawdziwa; znajduje się we władzy pozaziemskich oszustów. Potrafią czytać w myślach, co jest cholernie wkurzające i mam ochotę im przywalić. Ale na to właśnie czekają, żeby wezwać policję i pozbyć się mnie z namalowanej kuchni. Tak więc, tkwię uwięziona w środku zagadki".

Moja siostra Paula coś do mnie powiedziała, nawet nie pamiętam, co, a ja próbowałam zabić ją długopisem. Nieskutecznie, na szczęście, ale sama się dźgnęłam, a potem chciałam wyskoczyć z okna na drugim piętrze. Mama płakała i krzyczała, próbując mnie powstrzymać.

Kolejna sesja terapeutyczna z Chrisem, zapytał, jak się miewam. Odparłam, że czuję się lepiej. Dlaczego? Bo teraz już nie tylko moja rodzina życzy mi śmierci, ale także sąsiedzi. Kiedy zakwestionował moje spostrzeżenie, zjeżyłam się i powiedziałam, że chyba sobie pójdę. Miałam dosyć. Przerobiłam chyba całe „Vademecum leków psychiatrycznych", a wciąż balansowałam na granicy zabójstwa lub samobójstwa. Chociaż starałam się koncentrować na pozytywnych aspektach życia, to psychoza nie ustępowała. Na przekład, przeprowadziłam się do fajnego mieszkania przy spokojnej ulicy, z uroczym ogrodem na tyłach, i byłam w siódmym niebie.

Dolly Sen

Skupienie się na przeprowadzce pomogło, ale na krótko. Istnieje spór, jak powinno się leczyć poważne zaburzenia psychiczne — czy główny nacisk kłaść na farmakologiczną strona zagadnienia, czy na takie chorobotwórcze czynniki społeczne, jak bezrobocie, przemoc w rodzinie lub złe warunki mieszkaniowe. Moim zdaniem, i jedno, i drugie jest równie ważne. W każdym razie, ja potrzebowałam pomocy w obu tych aspektach. Przede wszystkim jednak trzeba dać choremu możliwość współdecydowania o sposobie leczenia. Pamiętam, że jak faszerowano mnie Stelaziną i w rezultacie jej właściwości uspokajających, cały dzień przysypiałam. Psychiatra twierdził, że Stelazina łagodzi objawy psychotyczne, ale czy naprawdę sądził, że chcę spędzić resztę życia jako zombie? Takie leczenie zredukowało objawy psychotyczne, ale zredukowało też moje życie. Jesteśmy czymś więcej niż zespołem objawów i etykietek. Leki antypsychotyczne nie nadają sensu naszemu życiu, a jedynie uspokajają na tyle, że trochę łatwiej go znaleźć.

Byłam szczęśliwa w swoim nowym mieszkaniu; w każdym razie tak szczęśliwa, jak szczęśliwa może być osoba przekonana o najeździe „obcych". Porozmawiałam z moim nowym sąsiadem. Powiedział, że staruszka, która zajmowała to mieszkanie przed mną, umarła w nim. Dla niego to była zwykła pogawędka, ale ja byłam wstrząśnięta. Bałam się, że duch staruszki wciąż tam jest. Głosy, które słyszałam, przestały mówić — teraz wrzeszczały. Od czasu do czasu szyderczo wołały,

ŚWIAT PEŁEN ŚMIECHU

żebym spróbowała je uciszyć. Żyłam w świecie nierealnej nadrzeczywistości. „Kim jesteście? Dlaczego to robicie?" — próbowałam się dowiedzieć zrozpaczona. „Zapytaj tatusia. Przecież jesteś córeczką tatusia, prawda?".

W mojej czaszce szalało piekło. O świat zewnętrzny zatroszczył się tata. Użyczył swojej twarzy złym głosom. Uznałam, że jeśli on umrze, to wrzaski ucichną. Jadąc na kolejną sesję z Chrisem, wstąpiłam do sklepu i kupiłam nóż rzeźnicki; postanowiłam zabić ojca, kiedy zaśnie. Byłam zresztą przekonana, że on czyta w moich myślach i czułam, że chce podpalić dom. Powiedziałam o tym Chrisowi; powiedziałam, że mój ojciec musi umrzeć. „Jak myślisz, co się z tobą stanie, kiedy to zrobisz/" — zapytał. „Nic, pójdę do więzienia, ale moja rodzina i świat będą bezpieczni". „Spędzisz resztę życia w pokoju bez klamek" — odpowiedział.

„Mogę zerknąć na ten nóż, Dolly?" — poprosił. Pokazałam mu. Obejrzał go uważnie. „Mogę go na chwilę pożyczyć?". Przeprosił i wyszedł z pokoju. Czekałam, wyłamując palce.

Wrócił bez noża, za to z lekarką psychiatrą. „Sądzę, że powinnaś iść do szpitala na kilka dni — powiedziała lekarka. — Mam wrażenie, że jesteś bardzo zagubiona, prawda?".

Skinęłam głową.

„Taki szpital to istna oaza spokoju — dodała. — Poczujesz się jak na wakacjach".

Zgodziłam się, a ona wykonała parę telefonów. Znalazła dla mnie miejsce w Southwestern Hospital (obecnie Lambeth Hospital). Chris zaofiarował się, że mnie zawiezie. Najpierw

Dolly Sen

jednak musiałam zadzwonić do domu i powiedzieć rodzinie, że idę do szpitala. Odebrała Sheila. Kiedy moja biedna siostra usłyszała, że zostałam przyjęta do szpitala z powodu depresji, bardzo się zaniepokoiła: „Co z tobą, Dolly? Co się stało?". Nie mogłam jej powiedzieć. Poprosiłam, żeby przywiozła mi jakieś rzeczy do przebrania i kosmetyczkę.

Większość jazdy samochodem upłynęła w milczeniu. Potem z jakiegoś powodu, którego już nie pamiętam, zaczęliśmy rozmawiać o nauczycielach. Chris powiedział, że jeśli wyzdrowieję i nabiorę trochę pewności siebie, to mogłabym być dobrą nauczycielką. Byłam wzruszona serdecznością, którą mi okazywał, mimo że mieszkaliśmy na innych planetach.

Zanim dotarłam na oddział psychiatryczny, nie miałam pojęcia, czego się spodziewać. Na miejscu ujrzałam mnóstwo dziwnie zachowujących się osób, może z wyjątkiem części personelu. Panował tam nastrój szpitalnej monotonii. Chris poszedł do dyżurki, ale pielęgniarki zignorowały i jego, i mnie. Nikt nie powiedział „dzień dobry" ani się nie przedstawił. Wiedziałam, że mają mnie za szaloną nożowniczkę, ale zwykłe „cześć" by nie zaszkodziło. Chris porozmawiał ze znudzoną siostrą oddziałową, która wezwała jedną z podwładnych, żeby mi pokazała moje łóżko. Z nerwów miałam okropne wzdęcia, więc byłam zdeprymowana, kiedy się okazało, że będę spać w czteroosobowej sali. Wyjrzałam przez okno, z którego było widać betonowe podwórze i sąsiedni oddział. Jakiś pacjent spacerował po podwórzu,

ŚWIAT PEŁEN ŚMIECHU

ciężko powłócząc nogami. Zrobiło mi się trochę smutno; chciałam wrócić do domu. Ta sama siostra oprowadziła mnie po oddziale. Pokazała mi pralnię, świetlicę ze stołem bilardowym, "damską" salkę telewizyjną, palarnię, stołówkę i ogólnie dostępną salę telewizyjną, a potem nie zostawiła. Siedziałam sama przed telewizorem i zastanawiałam się, jak będzie wyglądać leczenie. Po jakimś czasie pielęgniarka wróciła i zaprowadziła mnie do lekarza, który spytał, jak się czuję. Przede wszystkim czułam, że muszę się stamtąd jakoś wydostać. Przed drzwiami gabinetu czekała mama ze swoją przyjaciółką, Dawn, i z Sheilą. Mama podbiegła i mnie przytuliła. Moje podejrzenia, że jest złą kosmitką nagle wydały mi się idiotyczne. "Dlaczego tu jesteś?" — zapytała. "Chcę umrzeć" — odparłam. Zaczęła płakać. "Po prostu muszę odpocząć od taty" — zdobyłam się na szczerość. Ani mama, ani Sheila nie potrzebowały dalszych wyjaśnień. Miały świadomość, że one również mogą przez tatę wylądować w szpitalu. Obiecały, że będą mnie codziennie odwiedzać i wróciły do domu.

Przez resztę sześciotygodniowego pobytu na oddziale rzadko widywałam pielęgniarki, przeważnie tylko podczas rozdawania leków. W czasie mojego pierwszego pobytu w szpitalu żadna siostra nie poświęciła chwili, żeby się dowiedzieć, jak mi pomóc. Kiedy mijałyśmy się na korytarzu, rzucały: "Jak się czujesz?", a ja automatycznie odpowiadałam: "Dobrze". Wierzyły mi na słowo, bo dzięki temu oszczędzały na czasie. Nikogo, kto przebywał na oddziale psychiatrycznym nie dziwi już fakt, że na współczucie i pomoc można liczyć głównie ze strony współpacjentów. Pewnego razu siedziałam w sali telewizyjnej i nagle się rozkleiłam. Jakaś czarna kobieta wyszła i wróciła z puszką coli, otworzyła ją i mi podała. Kiedy przeglądam swoją kartotekę ze szpitala, uderza mnie często powtarzająca się fraza: „uspokaja się po lekach". Owszem, na zewnątrz byłam spokojna jak katatoniczka, cicha jak śmierć, tylko czasami dawałam poznać po sobie, jak bardzo dokuczają mi głosy. Moje wychowanie kazało mi zachowywać kamienną twarz w takich sytuacjach. Za to w środku, rozgrywała się mini apokalipsa. Kiedy pisząc tę książkę, dostałam swoją szpitalną kartotekę zaskoczyło mnie również to, że figuruję w niej jako osoba o zmiennym pochodzeniu etnicznym: raz „europejskim", innym razem „indyjskim", a kiedy indziej „angloindyjskim". Poza tym, o ile wiem, psychoza nie powoduje, że człowiek się kurczy; w rzeczywistości mam 173 centymetry wzrostu, tymczasem w kartotece — tylko 160 centymetrów. Oczywiście, zdarzały się pielęgniarki, które okazywały nam zrozumienie, ale miałam nieodparte poczucie, że jedyna „opieka", na jaką pacjenci naprawdę mogą liczyć, znajduje się w fiolkach z tabletkami i ampułkach z zastrzykami, które mają nas tak „uspokoić", żebyśmy za dużo nie czuli; tak było wygodniej — i dla służby zdrowia, i dla społeczeństwa w ogólności.

Czas spędzony w szpitalu pamiętam jak przez mgłę; wszystko się wydawało takie nierealne; j a wydawałam się nierealna. Przeważnie trzymałam się z daleka od reszty pacjentów, ale czasami zaglądałam do najbardziej

ŚWIAT PEŁEN ŚMIECHU

zatłoczonego pomieszczenia na oddziale, czyli palarni, żeby z kimś pogadać. Palarnia znajdowała się na samym końcu korytarza. Ściany miały żółte plamy od nikotyny, a krzesła obite skóropodobny materiałem miały wypalone dziury; nie tylko one: niektórzy pacjenci mieli podobne na prawdziwej skórze.

Pamiętam, jak pewien Pakistańczyk, nerwowo przeczesujący włosy palcami, próbował mnie zahipnotyzować. Z kolei pewna kobieta opowiadała, że jakiś czas wcześniej na oddział przywieziono uchodźczynię, która w swojej ojczyźnie była więziona i torturowana; tak nienawidziła tego szpitala, że poprosiła, by ją odesłano tam, skąd uciekła! Ja się nie czułam aż tak źle, pewnie dlatego, że zgłosiwszy się na oddział dobrowolnie, mogłam go w każdej chwili opuścić. Tak czy owak, po kilku dniach już się nie łudziłam, że mnie tam wyleczą, a po tygodniu byłam kompletnie znudzona. Chciałam się uczyć w ramach uniwersytetu otwartego, ale nie mogłam się skupić, więc przeważnie tylko bazgrałam coś w notatniku. Jeśli nie liczyć posiłków, telewizji i gapienia się na coraz bardziej zestresowanych ludzi — nie miałam nic więcej do roboty. Paru facetów z oddziału nagabywało mnie, żebym zrobiła im laskę; jak na to nie patrzeć, poświęcali mi więcej uwagi, niż pielęgniarki. Cierpiałam na atrofię woli, ale znalazłam w sobie dość energii, żeby im pokazać palec. Wiedziałam, że niektóre z współpacjentek były w przeszłości molestowane seksualnie. Pobyt na oddziale koedukacyjnym był wątpliwą terapią. „Oaza spokoju" okazała się też „oazą wrzasku". W sumie, jedyną pożyteczną umiejętnością, którą nabyłam w szpitalu, było opanowanie technik relaksacyjnych. Zaczęłam więc spędzać coraz więcej czasu poza oddziałem. Nie wracałam do rodziny ani do mojego mieszkania, ale jeździłam na długie spacery. Któregoś razu stanęło metro i wróciłam do szpitala później niż przewidywał regulamin. Pielęgniarka skrzyczała mnie, jakbym była dzieckiem. Innym razem prawie mnie zgłoszono jako „dezerterkę", chociaż po całodziennej wycieczce byłam już z powrotem na oddziale. „Dlaczego nikomu nie powiedziałaś, że wróciłaś?" — spytała pielęgniarka, co wydało mi się idiotycznym pytaniem, skoro było wiadomo, że na oddział zamknięty mogła mnie wpuścić tylko któraś z sióstr.

W szpitalu dostawałam antypsychotyk o nazwie Olanzapina. Przytyłam dwanaście kilogramów. Uwielbiałam dobrze zjeść, więc zawsze miałam problemy z nadwagą, ale teraz czułam się jak zapaśniczka sumo. Psychiatra więcej mówił o mojej tuszy, niż o duszy.

Obchód w szpitalu polegał na tym, że stałam przed gromadą nieznajomych i opowiadałam o swych najbardziej intymnych myślach i uczuciach. Grałam rolę dziwoląga z wesołego miasteczka, oprowadzającego publiczność po domu swojej duszy — po obskurnych, pustych i mrocznych pokojach bolesnych wspomnień, które dla nikogo innego nie miały żadnego znaczenia. Czułam też, że nikt nie liczy się z moim zdaniem. A ponieważ miałam dość tego cholernego szpitala, więc po prostu kłamałam. Naprawdę chciałam, żeby ktoś mi pomógł wydobyć się z mojego prywatnego piekła, ale oni zamiast tego jedynie głębiej mnie tam

ŚWIAT PEŁEN ŚMIECHU

spychali. Nadal jednak chodziłam na terapię do Chrisa. Z nim byłam szczera, bo mu ufałam. Tak więc, istniała sprzeczność między tym, co mówiłam jemu, a tym, co mówiłam w szpitalu. Po prostu, w Chrisie widziałam bardziej człowieka, niż psychiatrę. Wytłumaczyłam mu, że «obcy» rządzą nami, przejmując kontrolę nad ludźmi, którzy, jak królowa, zajmują wysokie stanowiska w państwie. Nie dopuszczałam myśli, że to tylko urojenia. Byłam też święcie przekonana, że wszystko zaczęło się od mojej pracy w filmie *Imperium kontratakuje*. To nie był żaden pieprzony film, tylko rzeczywistość i to do mnie należało utrzymanie ładu we wszechświecie. Poza tym jednak byłam zupełnie normalną osobą, jakie codziennie dziesiątkami spotykacie na ulicy — ulicy, którą ja dzieliłam z aniołami i demonami.

Po sześciu tygodniach zostałam wypisana. Cieszyłam się, że wracam do domu. Moja rodzina z początku nie wiedziała, jak się zachować, ale Kenny rzucił kilka dowcipów, żeby rozładować atmosferę, a ja zaczęłam opowiadać o szpitalu. Wszyscy okazywali mi współczucie — wszyscy poza tatą. Nie przepuścił okazji, żeby nazwać mnie wariatką. Nawet kiedy robił pod siebie uważał, że jest lepszy ode mnie, ponieważ n i e jest wariatem.

W szpitalu kilka razy rozmawiałam z kobietą z opieki społecznej i prosiłam o pomoc w sprawie zasiłku mieszkaniowego, bo dostawałam już pisma grożące eksmisją. To mnie kosztowało masę nerwów. Kobieta obiecała, że się tym zajmie, ale kiedy wróciłam na łono społeczeństwa, listy wciąż

Dolly Sen

przychodziły i czułam, że to znów się skończy depresją. O ile mogę coś w tej sprawie powiedzieć, to sądzę, że społeczeństwo czy, jak kto woli, biurokracja ma spory udział w depresji jednostek. Potwierdzi to każdy, kto był w pośredniaku albo starał się o zasiłek mieszkaniowy. Panie i panowie za biurkami udzielają „pomocy" niechętnie lub z łaski. Jeśli zgłasza się osoba chora psychicznie, a więc szczególnie wrażliwa, to zostaje dosłownie zmasakrowana. I nikogo to nie obchodzi. Lekarz nie chce o tym rozmawiać. Psychiatra nie chce o tym rozmawiać. W opiece społeczna nie chcą o tym rozmawiać.

Nie mam cienia wątpliwości, że biurwy przyczyniają się do pogorszenia stanu psychicznego swoich petentów, a także — do wielu samobójstw. Ale czy to ich w ogóle rusza? Nie sądzę, pewnie oddychają z ulgą, że mają jedną sprawę z głowy. Ciekawe, ilu chorych psychicznie mieszkańców Lambeth, którzy w końcu popełnili samobójstwo, miało problemy z uzyskaniem zasiłku, mieszkania itp. Z czego wynika ta biurokratyczna obsesja, która za główny cel stawia sobie zgnojenie człowieka? Wcześniej nie miałam pojęcia, że dla tych speców od papierkowej roboty ludzka dusza może być takim wielkim problemem. Niemniej, po kilku masakrycznych wizytach w obu urzędach, zdołałam jakoś wszystko naprostować i powróciłam do zwyczajnych, rutynowych udręk dnia codziennego.

W nowym mieszkaniu dzieliłam czas między sprzątanie i przesiadywanie w zimnym ogrodzie. Miałam okresy hipomanii. Kiedy bolały mnie plecy

ŚWIAT PEŁEN ŚMIECHU

pod łopatkami, byłam przekonana, że we śnie ktoś mi wyrwał anielskie skrzydła. Istotę boskości dostrzegałam w strażnikach pilnujących, żeby dzieci bezpiecznie przechodziły przez ulicę. Przytulałam staruszki na przystankach autobusowych, bo wydawały mi się takie samotne; wszystkie bez wyjątku sądziły, że chcę im ukraść torebkę. Zaplanowałam uwolnienie zwierząt z londyńskiego zoo. Pojechałam nawet metrem do centrum, żeby zrealizować mój plan, ale z powodu rozkojarzenia i ekscytacji po prostu zabłądziłam. Chodziłam więc po ulicach, zaśmiewając się z myśli ludzi, których mijałam. W czasie, kiedy moja własna rodzina się rozpadała, ślęczałam nad projektami zorganizowania utopijnego, idealnego społeczeństwa.

Nasze pierwsze zdecydowane próby przeciwstawienia się tacie spotkały się z niezbyt oryginalną reakcją. Kiedy widział, że się go nie boimy, zaczynał płakać: „Nie kochasz mnie? Gdybyś mnie kochała, zrobiłabyś, co każę. Nie bądź okrutna". Szczęka mi opadła. „Jestem okrutna, bo nie pozwalam się maltretować?". Zastanowił się przez chwilę, po czym odpowiedział: „Tak". Poczułam taki niesmak, że wyszłam do kuchni, żeby się napić wody i uspokoić. Kilka minut później wpadła zapłakana Sheila. „Co się stało?" — spytałam. „Tata powiedział, że ma raka żołądka. Dlatego chodzi do szpitala". „Jesteś pewna?". Skinęła głową.

Zaraz poszłam do ojca i zapytałam, czy to prawda. Mrugnął do mnie. „Gdzie tam. Tak tylko powiedziałem, żeby Sheila miała wyrzuty sumienia, że mnie zaniedbuje".

Dolly Sen

„Nie możesz robić takich rzeczy!" — wydarłam się. Ale czy do niego w ogóle coś docierało? (Niektórzy psychiatrzy zadawali sobie to samo pytanie w odniesieniu do mnie).

Kiedy trochę ochłonęłam, uświadomiłam sobie, że ojciec tkwi w błędnym kole, które na domiar złego stacza się coraz niżej. Nie mógł wytrzeźwieć, bo musiałby rozmyślać o tych wszystkich strasznych rzeczach, które zrobił, kiedy był zalany. Żadne z jego wspomnień nie było godne zapamiętania. Musiał więc pić, żeby je wyprzeć z pamięci, ale tym samym przyczyniał się do powstawania nowych, równie okropnych. Czasem obserwowałam ojca w jego fotelu — tryskającego cierpieniem i nienawiścią. Ile cierpienia może pomieścić sześćdziesięciosiedmioletnie ciało? I dlaczego biło z jego oczu, kiedy patrzył n a m n i e?

Boże Narodzenie 1999 roku upłynęło bardzo wesoło — bo taty nie było w domu. Tradycyjnie w ten dzień opłakiwał swoją zmarłą matkę, a ponieważ to go nieodmiennie wprawiało w ponury nastrój, więc musiał wyjść, żeby się zalać w trupa. Kiedy tego wieczora wrócił z pubu, walnął się na łóżko, zeszczał się w spodnie i krzyczał, żebyśmy byli cicho.

Nadszedł 2000 rok i większość świata hucznie świętowała. Dla mnie to był rząd cyferek z końcówki jakiegoś kosmicznego rachunku. Rok dwutysięczny miał ogromne znaczenie w moich urojeniach. Symbolizował początek końca. Nowe milenium miało być sceną ostatecznej inwazji «obcych». Pisałam w notatniku: „«Obcy» manipulują historią. Gwiazda betlejemska to UFO.

ŚWIAT PEŁEN ŚMIECHU

Manipulują. Manipulują. Manipulują. Nasza planeta jest dla nich beznadziejnie tępym zwierzęciem, które trzeba wydobyć z jego nieszczęsnego stanu. Rok 2000 jest ołtarzem ofiarnym...". To mnie nie podnosiło na duchu. Okazało się, że nawet czerń może z łatwością nabrać jeszcze ciemniejszy odcień. Depresja zamieniła moje ciało, mój umysł i moją duszę w beton; odkładanie ważnych spraw na później zamieniło moje serce w kawał brudnego lodu. Umieranie było zbyt ciężką pracą; życie było zbyt ciężką pracą. Orkiestra nihilizmu znów przemieniła się w chór urojonych głosów. W tym czasie pękła rura w łazience mamy, zalewając mieszkanie poniżej. Przyszli hydraulicy, ale niczego nie naprawili. Doszłam do wniosku, że to nie byli żadni hydraulicy, tylko szpiedzy. Byłam pewna, że nasz telefon jest na podsłuchu. Ponieważ wiedziałam o istnieniu «obcych", cały czas mieli mnie na oku. Pod koniec stycznia ponownie wylądowałam w szpitalu.

Na oddziale było trochę starych twarzy, między innymi facet, którego zapamiętałam z pierwszego „turnusu", bo wczołgiwał się do szybu windy kuchennej i straszył obsługę. Teraz stał się kimś w rodzaju oddziałowego guru, mądrego i spokojnego, udzielającego wszystkim sensownych rad. „Ciekawe, czym go faszerują" — zastanawiałam się. Tym razem byłam zadowolona, bo dostałam własny pokój, ale nikt nie zadbał o czystą pościel; wyszłam na korytarz i wpadłam prosto na pielęgniarza. Powiedziałam, że mam brudną pościel po poprzednim lokatorze. Przeprosił i natychmiast przyniósł świeżą zmianę pościeli.

Dolly Sen

Wśród nowych twarzy na oddziale był facet, który wkładał wszystkie swoje ubrania naraz, aż ledwo mógł chodzić. Budował też forty w sali telewizyjnej, przewracając sofę do góry nogami. Wracając z jednodniowej przepustki, przynosił rzeczy, które znalazł na ulicy, na przykład, zepsutą maszynę do pisania albo połówkę kapelusza. Kiedyś zobaczył mnie nad Kerouacem i zapragnął przeczytać tę książkę. Pożyczyłam mu swój egzemplarz. Sama przeważnie siedziałam w moim pokoju i studiowałam graffiti na ścianach. Okazało się, że mieszkał tam nawet Jezus. Rozmawianie było zbyt ciężką pracą. Odzywałam się tylko w czasie obchodu i w stołówce. To było wszystko, na co mogłam się zdobyć. Jedzenie było nienajgorsze, tylko mdłe. Pewnego razu w stołówce przyszedł mi do głowy taki wiersz:

Kolejka

Kolejka w szpitalnej stołówce
tkwię między dwoma Jezusami
Widzę, że obaj dumają
jak nakarmić pięciotysięczną rzeszę
dokonując cudownego rozmnożenia
gumowego makaronu z serem
Schizofreniczna dusza molestuje
każdego boga który ją wysłucha
Katatonik filozofuje
za pomocą pustych słów
Anorektyczka patrzy z pogardą
na nas uwikłanych
w skandal odżywiania
Co j a tutaj robię?

ŚWIAT PEŁEN ŚMIECHU

Rzeczywistość, normalność to księga
kłamstw, zgubiłam moją stronę
stałam się niebiańską analfabetką
ponieważ znam zakończenie — żadne
długie i szczęśliwe życie
lecz samotna śmierć
po życiu
które jest tylko kolejką
czekaniem, czekaniem
na szaleństwo
do końca

Podali mi Clozapinę. Z przyjmowaniem tego leku wiąże się ryzyko skutków ubocznych, więc konieczne jest częste badanie krwi, czego serdecznie nienawidziłam. Moje żyły na przedramionach są tak głęboko, że trudno się wkłuć. Czasem pielęgniarce udawało się dopiero za trzecim czy czwartym podejściem. Również tym razem z nudów i poczucia odpowiedzialności za mamę spędzałam większość czasu poza oddziałem. Mama nie lubiła przebywać w domu sama z tatą, więc gnębiło mnie poczucie winy, że nie jestem z nią. Kiedy przyznałam się do tego jednej z pielęgniarek, żachnęła się zirytowana: „Nie powinnaś się martwić, kto się opiekuje twoją mamą. Teraz to ty wymagasz opieki". Ale powiedziała to ze szczerej troski. Lubiłam ją, bo nie zadzierała nosa. Poświęciła nawet czas, żeby mi dokładnie wyjaśnić efekty uboczne nowego leku. A kiedy głosy nie dawały mi spokoju w nocy, poradziła, żebym nie dusiła tego w sobie, tylko opowiedziała o wszystkim dyżurnym. Rozmawiała ze mną jak z koleżanką, co miało dla mnie niebywałe znaczenie.

Dolly Sen

Nawet w najgłębszej depresji nie potrafię jednak siedzieć z założonymi rękami. Nuda dosłownie mnie wykańczała. Nowy lek powodował zaburzenia wzroku, więc nie mogłam nawet pisać ani czytać. Kiedy indziej znów paraliżowało mnie psychiczne „skakanie po kanałach", czyli zbyt szybkie przeskakiwanie od jednej myśli do drugiej, co skutkowało kompletnym mętlikiem w głowie. Żeby choć na trochę wyrwać się ze szpitala, raz w tygodniu chodziłam do klubu dla chorych psychicznie, gdzie pomagałam w prostych pracach biurowych. Innym efektem ubocznym, z którym musiałam nauczyć się żyć, był ślinotok. Jestem z natury nieśmiała, więc z obcymi rozmawiałam, ledwo otwierając usta.

Ale lek poskutkował. Po trzech miesiącach mój stan psychiczny się ustabilizował i zostałam wypisana. Oczywiście, sama chemia nie rozwiązuje wszystkich problemów. Jeśli ze szpitala wraca się do piekła, to nie jest ono ani trochę mniej piekielne, tylko na prochach człowiek jest mniej wrażliwy. Parafrazując Freuda, można powiedzieć, że ich zadaniem jest „przemiana męczarni neurotycznych lub psychotycznych w zwykłe ludzkie nieszczęście". Wróciłam więc ze szpitala do domu cierpienia. Tam wszyscy prawie chodzili po ścianach. Mama z pomocą przedstawiciela opieki społecznej i prawnika starała się o eksmisję ojca. Wyraz oczu taty rozdarł mi duszę na strzępy. „Dlaczego nikt mnie nie kocha?" — pytał. Ale zaraz potem, niemal na jednym oddechu, dodawał: „Kupa zasranych gnojków".

Antypsychotyk, który przepisano mi w szpitalu, nie zdołał mnie znieczulić na to spojrzenie

ŚWIAT PEŁEN ŚMIECHU

taty. Wreszcie nadszedł ten dzień i ojciec został oficjalnie eksmitowany. Przeniósł się do miejscowego schroniska dla bezdomnych, gdzie miał zapewniony darmowy nocleg i śniadanie. Ale w zastraszającym tempie tracił pamięć, więc bałam się, że sam zwyczajnie sobie nie poradzi. Ilekroć go spotykałam, w kółko się dopytywał: „Jaki mamy dzień?".

Nie miałam pojęcia, jak mu pomóc, nie robiąc przy tym krzywdy sobie. Wywołany tym stres kpił sobie z leku, który zażywałam. Moje wewnętrzne demony zamieniły się w komików, rechocząc z mojego zagubienia. Byłam w takim stanie, że za wszystko obwiniałam siebie, więc pozwoliłam tacie odwiedzać mamę pod warunkiem, że odstawi alkohol. Noce spędzał w schronisku, a dni u mamy. Był trzeźwy... przynajmniej na początku. Potem wróciło chlanie, za nim bicie i wkrótce cierpienie panoszyło się po domu. Sama już nie wiedziałam, czy nienawidzę swojego ojca, czy go kocham; czy chcę, żeby umarł, czy żeby żył.

Ale ponieważ w ciągu półrocza dwukrotnie wylądowałam w szpitalu i nie było mi śpieszno z powrotem, starałam się nie okazywać, jak bardzo to przeżywam. Mama oczekiwała, że zawsze ją będę chronić przed tatą i to mnie paraliżowało. Jej całkowite uzależnienie ode mnie było ponad moje siły. Najbardziej mnie wkurzało, że ciągle pyta o rady, a nigdy się do nich nie stosuje. Oboje rodzice zachowywali się jak nieznośne bachory. To dlatego hospitalizacja bywa stratą czasu. W szpitalu chorzy w końcu dochodzą do siebie, ale potem wracają do tego całego bajzlu, który był głównym powodem ich załamania.

Dolly Sen

Czy moje życie kiedykolwiek się zmieni?

ŚWIAT PEŁEN ŚMIECHU

Część 3

„W przypadku szczególnie kreatywnych osób to często kwestia życia i śmierci — żeby nie popełnić samobójstwa lub zabójstwa, muszą tworzyć...".
Lydia Lunch

Złożyłam podanie o zasiłek dla niepełnosprawnych, ale zostało odrzucone. Kilka miesięcy później się odwołałam i tym razem decyzja była pozytywna. W komisji odwoławczej zasiadały trzy kobiety, które rozmawiały ze mną, jak z człowiekiem. Mam nadzieję, że to oznaka zmian na lepsze w systemie opieki społecznej. Ale niekoniecznie. Może po prostu miałam szczęście, że na nie trafiłam. Po kilku tygodniach pieniądze wpłynęły na konto, nieco ponad 1000 funtów. Nigdy wcześniej nie dysponowałam taką kwotą. Zapłaciłam rachunki, spłaciłam długi. Bałam się, że zaraz wydam całą resztę, więc wpłaciłam ją do banku.
    Mama przechowywała stos katalogów biur podróży. Przejrzałam kilka z nich. Zainteresowała mnie wycieczka objazdowa po Stanach Zjednoczonych, z postojami w takich bajecznych miejscach, jak Grand Canyon. Nigdy wcześniej nie byłam w biurze podróży i nadal się do tego nie paliłam, ale wzięłam się w garść i pojechałam zrobić rezerwację. Kobieta, która mnie obsługiwała, była uczynna i wytłumaczyła mi wszystko, czego nie rozumiałam. Koszt wycieczki pochłonął lwią część oszczędności, ale pomyślałam sobie: po to

właśnie są — żeby cieszyć się życiem, a nie trzymać pod materacem, aż się zestarzeję.

Dzień przed wylotem nie mogłam zasnąć z emocji. Mama opowiadała mi straszne historie, jak to ludziom w samolotach pękają bębenki w uszach. Kiedy maszyna była gotowa do startu, mocno zacisnęłam zęby. Niepotrzebnie się obawiałam; podróż była cudowna i stwierdziłam, że uwielbiam latać. Zabawy nie popsuły mi nawet silne turbulencje.

Wylądowaliśmy na lotnisku w Los Angeles, skąd autobusem przewieziono nas do hotelu. Powiedziano nam, żebyśmy coś zjedli i wypoczęli; wycieczka zaczynała się następnego dnia. Pierwszy raz używałam karty magnetycznej jako klucza do pokoju i płaciłam czekami podróżnymi, co uświadomiło mi, że „trochę" się oddaliłam od zwykłego świata; teraz te proste czynności sprawiły, że przestałam się czuć, jak kosmitka.

Pierwsze dwa dni wycieczki spędziliśmy w Disneylandzie i Universal Studios — dziecięce marzenia spełniły się w wieku dorosłym. Nie wstydzę się przyznać, że wielokrotnie śmiałam się i piszczałam z uciechy jak dziecko. Chociaż interesowałam się buddyzmem, nigdy nie widziałam na własne oczy mnichów buddyjskich. Teraz spotkałam ich w miejscu, gdzie się ich najmniej spodziewałam. W „Świecie wodnym" zajęli całą ławkę w pierwszym rzędzie. Konferansjer opryskał ich wodą — myślałam, że się obrażą, ale oni tak się trzęśli ze śmiechu, że mało im te żółte szaty nie pospadały. Kiedy przedstawienie się skończyło, poszłam z nimi porozmawiać, a ich przełożony wyjaśnił mi niektóre aspekty buddyzmu,

ŚWIAT PEŁEN ŚMIECHU

które wydawały mi się niezrozumiałe. Po rozmowie wrócili do „Wodnego świata" na kolejny show!

Nazajutrz opuściliśmy Los Angeles i ruszyliśmy na południe, w stronę Meksyku. Robin, nasza przewodniczka, nie zawsze ściśle trzymała się tekstu, który była zobowiązana nam odczytać i ubarwiała go licznymi znacznie ciekawszymi anegdotami o jej ortodoksyjnie mormońskiej matce i mężu strażaku. Wśród uczestników wycieczki przeważały małżeństwa emerytów; ponieważ byłam najmłodsza w autokarze, troszczyli się o mnie jak o niemowlę. Sprawdzali, czy posmarowałam się kremem z odpowiednim filtrem przeciwsłonecznym, zapraszali na obiad oraz kupowali lody i drobne upominki. Żyć nie umierać!

Na kilka godzin zatrzymaliśmy się w San Diego. Wypiłam kawę w Balboa Park, od ulicznego sprzedawcy kupiłam parę ręcznie malowanych T-shirtów, a na koniec poszłam na lunch do wegetariańskiej knajpy, w której kelnerkami były meksykańskie nastolatki.

Przed Meksykiem musieliśmy się przesiąść z naszego luksusowego autokaru do starego, rozklekotanego, żółtego schoolbusa, który miał nas przewieźć przez granicę. Potem kierowca zatrzymał się jeszcze na chwilę, żeby zabrać Meksykanina z gitarą, który miał nam przygrywać w czasie przekraczania granicy. Zagrał pięć ogólnie znanych hiszpańskich piosenek, więc wszyscy przyłączyliśmy się do śpiewu. Na zakończenie zaśpiewał: „La la bamba! Przekaż kubek! La la bamba! Wrzućże grosik!". Wprawił nas w tak doskonały nastrój, że jego blaszany kubek szybko zapełnił się dolarami. W Tijuanie odłączyłam się od moich emerytów i poszłam na małe zakupy, a potem wychyliłam kilka szklaneczek tequili z grupką studentów, którym spodobał się mój londyński akcent. Opowiadali, że regularnie odwiedzają Tijuanę, bo tutaj można tanio kupić legalne i nielegalne narkotyki. Namawiali mnie, żeby została z nimi parę dni, ale musiałam dołączyć do reszty wycieczki.

Wjazd ze Stanów Zjednoczonych do Meksyku nie był problemem i odbył się szybko i sprawnie. Wjazd z Meksyku do Stanów zajął nam więcej czasu. Staliśmy w trzystumetrowej kolejce samochodów, w której większość stanowiły pojazdy Meksykan pragnących zamieszkać w Stanach na stałe. Ktoś mi powiedział, że codziennie widać te same twarze — nie mają nic lepszego do roboty, więc, kto wie, może któregoś dnia im się poszczęści. W końcu przyszła naszej kolej i po przekroczeniu granicy wróciliśmy do hotelu w San Diego.

Nazajutrz zapuściliśmy się w głąb pustyni Arizony. Księżycowe pejzaże miały w sobie coś niepokojącego, a upał był trudny do wytrzymania. Pierwszy raz zobaczyłam na własne oczy gigantyczne kaktusy. Czułam się, jak bohaterka westernu. Obiad zjedliśmy w barze tkwiącym samotnie na środku pustyni. Piękno piaskowego krajobrazu zapierało dech w piersiach i zapadało w duszę. Nocleg mieliśmy zarezerwowany w hotelu w Scottsdale, gdzie przygotowano dla nas „Wieczór

ŚWIAT PEŁEN ŚMIECHU

przy grillu". Ponieważ jestem wegetarianką, zamiast na kolację wybrałam się na spacer. Arizona najwyraźniej jest mięsożerna, bo jedynymi lokalami otwartymi o tej porze były McDonald's i kilka steakhouse'ów. Wstąpiłam do McDonald's, żeby się napić czegoś zimnego. Z okien restauracji rozciągał się widok na pustynię. To było niesamowite. Jak można nie lubić życia, kiedy się widzi coś takiego? Po powrocie do hotelu, a przed spaniem, trochę pooglądałam telewizję. W Anglii wszyscy narzekają, że jest za dużo programów amerykańskich; tutaj było odwrotnie, prawie same programy brytyjskie.

Z Phoenix skierowaliśmy się na północ, żegnając się z piaszczystą pustynią. Późnym rankiem przyjechaliśmy do Sedony. W tym new age'owym miasteczku przypadkowo spotkani ludzie zaproponowali mi „czyszczenie aury"; oczywiście, nie za darmo, więc odmówiłam. Cudowne wakacje wystarczająco dobrze oczyszczały moją duszę. Wreszcie dotarliśmy do miejsca, które zdecydowało o wyborze właśnie tej wycieczki: Grand Canyon. Nie rozczarowałam się. Ogrom jego piękna wycisnął mi łzy z oczu. Nie mogła się z nim równać żadna istota ludzka. Ani nawet boska. Słońce wędrujące po niebie zmieniało barwę skał i je ożywiało. Dla innych to, być może, jedynie turystyczna atrakcja, ale dla mnie to był punkt zwrotny w moim życiu: odtąd nigdy już nie myślałam poważnie o samobójstwie, o odebraniu sobie życia, które potrafiło mi ofiarować coś tak wspaniałego. Stałam tylko krok od przepaści, ale oszałamiający widok mnie sparaliżował; nie byłam zdolna uczynić następnego kroku. Kiedy oprzytomniałam, poszłam na dziesięciokilometrowy spacer po kanionie, gdzie zobaczyłam dorosłego jelenia i węże, które chyba niedawno wykluły się z jajek. Po powrocie do autobusu znalazłam w moim bagażu małą jaszczurkę. Wypuściłam koleżankę na wolność.

Następnego dnia pojechaliśmy wzdłuż południowego brzegu kanionu do indiańskiego rezerwatu Navajo Nation. Indiański kierowca obwiózł nas po rezerwacie zardzewiałym autobusem z oknami bez szyb. Czerwony pył wciskał się w oczy i usta. Na zakończenie przejażdżki wszystkim nam wręczone mokre chusteczki; byliśmy tak „zakurzeni", że bardzo się przydały. Był tam nawet kiosk z pamiątkami, w którym można było kupić indiańskie wyroby. Nie podobało mi się, że nawet tutaj kapitalizm musiał odcisnąć swoje piętno, ale z punktu widzenia tubylców wyglądało to inaczej — w końcu musieli z czegoś żyć.

    Ruszyliśmy przez Monument Valley, w której słońce igrało na pięknych formacjach skalnych. Ponownie czułam się, jak bohaterka westernu; powiedziano nam zresztą, że większość pierwszych westernów nakręcono właśnie tutaj. Zanocowaliśmy w Page.

Nazajutrz odbyliśmy długą podróż do Las Vegas, przejeżdżając przez Bryce Canyon i Zion National Park. Oglądanie tych miejsc nawet tylko z okna autokaru miało w sobie coś magicznego. Doszłam do wniosku, że mogłabym tak spędzić resztę życia.

ŚWIAT PEŁEN ŚMIECHU

Do Las Vegas wjechaliśmy pod wieczór. Zatrzymaliśmy się w hotelu „Circus Circus", z kolejką górską wewnątrz budynku! Mieliśmy całą noc na zabawę, ale ja tylko włóczyłam się po ulicach, grzęznąc w trzęsawisku neonów. Chyba byłam jedyną osobą w mieście, która nie oddawała się hazardowi; wolałam obserwować ludzi. Obejrzałam dwa uliczne przedstawienia — jedno było rekonstrukcją buntu na statku pirackim, z mnóstwem statystów i wybuchów; drugie — musicalem granym przez hipisów na szczudłach. Pogapiłam się z pewnej odległości na ślub w całodobowej kaplicy. Noc była upalna. Za dnia temperatura zbliżała się do 50°C, więc nie oddalałam się zbytnio od hotelu. Kiedy uderzyłam w kimono, było już dobrze po północy.

Obiad zjedliśmy w Dolinie Śmierci. Nie zapisała mi się jakoś specjalnie w pamięci, może tylko moja śmierć robiła notatki. Po powrocie z wycieczką do Los Angeles, na ostatnie trzy dni wakacji pojechałam sama pociągiem do San Francisco. Zakochałam się w tym mieście. Miałam poczucie, że już tam kiedyś byłam, pewnie w poprzednim wcieleniu. Nawet nie potrzebowałam mapy. Tramwajem dotarłam do Fisherman's Whorf, skąd popłynęłam na Alcatraz. Odwiedziłam Golden Gate Park i City Lights Bookstore. Następnego dnia, zaraz po wschodzie słońca, wybrałam się na spacer. Na Washington Square natknęłam się na grupkę emerytów ćwiczących *tai chi*. Spostrzegli, że się im przyglądam i zaproponowali, żebym się do nich przyłączyła. Nieśmiało się zgodziłam i odbyłam darmowy kurs *tai chi*. Dzień wcześniej

Dolly Sen

kupiłam bilet na autobusową wycieczkę po mieście. Kierowca i przewodnik w jednej osobie okazał się też poetą, a wykład z historii San Francisco ubarwiał mnóstwem anegdot. Mówił tak ciekawie, że czasem zapominałam o świecie za szybą. Na desce rozdzielczej woził stosik własnych książek na sprzedaż; jedną z nich kupiłam i przeczytałam w samolocie do Londynu. Ta podróż była najcudowniejszym wydarzeniem w moim życiu.

Chris od razu zauważył pozytywny wpływ, jaki wywarła na mnie moja eskapada. Powiedziałam mu, że najchętniej bym znów wyjechała. Odparł, że to normalne, że podróże dostarczają wrażeń, z którymi monotonia codziennego życia nie może konkurować. Ale chodziło o coś więcej. Znalazłam się z powrotem w tym samym kraju i tym samym mieście — tym samym mieście, co mój ojciec. Moja krótka nieobecność nie spowodowała jego magicznego zniknięcia. Dwa tygodnie po moim powrocie tata przyszedł do mieszkania mamy, kompletnie zalany, i zaczął się dobijać do drzwi. Mama była sama i widziała, jak drzwi się wyginają pod naporem uderzeń. Psy wlazły ze strachu pod meble. Mama była tak przerażona, że zadzwoniła na policję i powtarzała tylko w kółko: „Pomocy!", w nadziei, że sami ustalą, skąd dzwoni. Ustalili i przyjechali pod dom równocześnie ze mną i Paulą. Udzielili tacie ostrzeżenia i zabrali mu klucze od mieszkania, które przy nim znaleźli.

Zbliżał się ślub Sheili i cierpła mi skóra na samą myśl, co tata zrobi, żeby zepsuć uroczystość. Zagroziłam nawet Sheili, że jeśli go zaprosi, to ja

ŚWIAT PEŁEN ŚMIECHU

nie przyjdę. Problem jednak sam się rozwiązał — tata był tak pijany, że nie był w stanie dotrzeć na miejsce. Do ołtarza Sheilę poprowadził Kenny i wszystko odbyło się, jak należy, jeśli nie liczyć „pijanego" wykonania *Marsza weselnego*. To był uroczy dzień; czułam się, jak normalna osoba, która robi to samo, co zwykli ludzie. Zapowiadało się piękne lato, byłam w świetnym nastroju. Wkrótce jednak znów mnie dopadła mania. Rozpierała mnie energia, która wypełniłaby Wielki Kanion. W snach wracałam do Ameryki i budziłam się przekonana, że naprawdę tam byłam. Pewnej nocy przyśniło mi się, że umarła Sheila. Cały ranek płakałam, sądząc, że siostra nie żyje. Kiedy zadzwoniła koło południa, myślałam, że mam połączenie telefoniczne z niebem. Zapytałam, jaki ma teraz numer. Moje ciało było zbyt ciasne dla tej rozbuchanej energii, a mój umysł — zbyt obszerny. Iskrzyło mi się w kościach. Przepięcia niszczą urządzenia elektryczne — i właśnie tego doświadczałam. Moje ciało było kaftanem bezpieczeństwa, z którego musiałam się uwolnić. Nie mogłam spać. Nocami marzyłam, planowałam, tworzyłam. Wpadłam na pomysł, jak ocalić świat. Mój genialny wynalazek polegał na zastąpieniu tradycyjnych paliw energią pozyskiwaną z hałasu. Szkoda, że do rana wyleciały mi z głowy wszystkie szczegóły i wzory. W fazie maniakalnej dzień trwa dłużej niż normalnie. Miałam poczucie, że mogłabym napisać powieść w dwanaście godzin. Byłam przekonana, że mam zdolności telekinetyczne. Całymi godzinami siedziałam w fotelu, wpatrując się w piłkę, próbując poruszyć ją siłą woli. W mojej głowie zrodziła się teoria chaosu.

Dolly Sen

Jeden motyl, który zatrzepocze skrzydełkami w Chinach, wywołuje huragan na Hawajach, a mój umysł produkował miliony motyli na sekundę. Byłam pewna, że mogę myślą odmienić świat. „Muszę tylko myśleć pozytywnie" — powtarzałam sobie. A kiedy nachodziły mnie negatywne myśli, tłukłam się po twarzy. Sądziłam również, że żyję dzień później, niż cała reszta ludzkości. U mnie była już środa, u wszystkich pozostałych — dopiero wtorek. Swobodnie podróżowałam między równoległymi światami — żywych i umarłych, ludzi i zwierząt, aniołów i demonów. Moje boskie pochodzenie uświadamiałam sobie pomiędzy regałami supermarketu. Mania przerodziła się w stan przymusowej epifanii.

W tym samym czasie stan ojca uległ gwałtownemu pogorszeniu. Kilka razy policja zgarniała go z ulicy zalanego w trupa i odstawiała do St Thomas Hospital; kiedy tylko wytrzeźwiał, zaraz się wypisywał na własną prośbę. Całymi dniami przesiadywał na ławce w parku naprzeciwko Brixton Library, gdzie złaziły się miejscowi ćpuny i moczymordy. Kiedy był zbyt pijany, żeby się obronić, okradano go — tak stracił pieniądze, okulary, a nawet laskę. Pewnego razu znalazłam go śpiącego na chodniku. Czasem przepadał bez wieści na kilka dni. Nie muszę chyba mówić, że sprzyjało poprawie m o j e g o stanu psychicznego.

Znów obsesyjnie marzyłam o jego śmierci. Buszując w księgarni w Croydon, natrafiłam na księgę zaklęć. Oczywiście, uznałam, że to nie przypadek. Jedno z zaklęć miało umożliwić pozbycie się osoby, która nas skrzywdziła.

ŚWIAT PEŁEN ŚMIECHU

Odprawiłam przepisany rytuał i czekałam, czekałam, czekałam. Nic się nie wydarzyło. Łaziły po nim muchy, ale wciąż żył. Z bliska jego smród przyprawiał mnie o mdłości. Z psychiatrami nie potrafiłam już rozmawiać o niczym innym. Wszyscy powtarzali zgodnym chórem: „Skończysz w pokoju bez klamek". Chris rozważał nawet zasięgnięcie opinii adwokata. Leczenie zamknięte wydawało się kwestią czasu. Pojawiły się nowe diagnozy, takie jak „osobowość graniczna".

„Masz oczy jak tata i kłamiesz jak tata. Musisz z sobą skończyć!" — znowu działam pod dyktando psychozy.

Z nożem w ręku stoję nad śpiącym ojcem. Widzę w nim straszliwego „obcego", który czyha na moją zgubę, dlatego musi zginąć. Chcę uderzyć go nożem prosto w twarz. „Ten się śmieje, kto się śmieje ostatni" — mówię. Nie dbam, że to mnie doprowadzi do czubków lub samobójstwa. Jak to ujął mój psychiatra, „Dolly, twój następny przystanek to pokój bez klamek". Nie dbam o to, bo robię, co robię, żeby przeżyć. Tak trudno to zrozumieć?

Patrzę, jak śpi i czekam na odpowiedni moment, żeby go zabić. Czekam. Czekam. Odór jego potu, resztki jedzenia w brodzie i plwociny na podłodze tylko podsycają wzbierającą we mnie nienawiść. Wznoszę nóż, gotowa zatopić go w tym ludzkim śmieciu. Ze ściany wpatruje się we mnie inna para oczu. To moje zdjęcie z dzieciństwa, uśmiecham się do obiektywu. Trzykrotnie zbieram się w sobie, żeby wbić nóż w głowę ojca, ale dziecko mnie obserwuje i nie mogę się na to zdobyć. „Przepraszam, że robię z ciebie morderczynię — mówię do fotografii. — Kiedyś byłam dzieckiem, małą dziewczynką..."

Coś się stało, coś się zmieniło. Nie mogłam skazać tego dziecka na takie życie. Nagle tata zaczyna szlochać przez sen. Nie mogę tego zrobić. Nie mogę skrzywdzić go bardziej, niż sam się skrzywdził. To się musi skończyć. To się musi skończyć t u i t e r a z.

Skoro jednak samobójstwo ani zabójstwo nie były wyjściem z sytuacji, musiałam postanowić, co dalej. Stwierdziłam, że najpierw muszę pomóc ojcu. Zwróciłam się do opieki społecznej. Usłyszałam, że nie mogą nic zrobić bez skierowania lekarskiego. Zabrałam więc tatę do lekarki, o której wiedziałam, że nas nie spławi. Nie była naszym lekarzem rodzinnym, ale na pierwszy rzut oka się zorientowała, że ojciec nie jest w stanie zadbać o siebie; cuchnący, rozczochrany, w kółko zadawał to samo pytanie. Zbadała jego pamięć za pomocą prostego testu — oblał totalnie. Wypisała mu skierowanie do Maudsley Hospital.

Chris, mój terapeuta, widział, jak to wszystko na mnie działa i wysłał oficjalne pismo do szpitala, wyjaśniając, że ja nie mogę się tatą zająć, on zaś potrzebuje stałej opieki.

Kilka tygodni później ojciec wreszcie trafił do psychiatry, który większość wywiadu poświęcił na badanie jego pamięci; kazał też zrobić jakieś badania krwi. Orzekł, że tata nie jest aż tak chory, żeby trzeba było go zamknąć. Zamiast tego skierował go do pielęgniarki środowiskowej i dziennego centrum terapeutycznego w szpitalu Felix Post Unit. Skontaktował się również z opieką społeczną i załatwił mieszkanie komunalne.

ŚWIAT PEŁEN ŚMIECHU

Problem jednak polegał na tym, że pielęgniarce środowiskowej prawie nigdy nie udawało się zastać taty w domu; kiedy wychodził „na miasto", przeważnie zapominał, gdzie mieszka. Tyle z tego dobrego, że w Felix Post Unit przynajmniej miał zapewnione regularne posiłki.

Jednak nie przestał się upijać. Wpuszczał do siebie na noc takich meneli, że ze strachu odwiedzałam go coraz rzadziej. A kiedy już się spotkaliśmy, zaraz zaczynaliśmy się kłócić, które z nas jest bardziej szalone. Ja twierdziłam, że on, ale miałam poczucie, że znowu ześlizguję się w psychozę i paranoję. Sądziłam, że «obcy» kierują zachowaniem mojego ojca, żeby utrudnić mi wykrywanie ich obecności. Oto, co wówczas nabazgrałam na skrawku papieru: „Kim jest diabeł? Jaką przybiera postać? Jak działa? Jakie są jego wpływy? Czy jest nieprzyjacielem Boga? Czy bratem Boga? A może samym Bogiem? Zła elektryczność jego mocy zakłóca moje myśli. Jego promieniowanie telefoniczne skanuje mój dogmatyczny umysł. Jak mam normalnie funkcjonować, skoro jestem tylko psychiczną marionetką? Wschodzi abażurowe słońce, ciernisty sen poranka rozświetla nadzieja. Czy cierpienie w moich oczach widzi własną mroczą barwę? Zimne oparzenie. Piekło to spokojne, zaciszne miejsce. Nie ma tam nikogo innego. Czuję się taka samotna, że tęsknię za diabłem...".

Postanowiłam nie zabijać, ale gniew nie dawał za wygraną. Pewnego razu, kiedy tata przyszedł do mieszkania mamy, a ja tam akurat byłam, złapałam go za kark jak psiaka i wyrzuciłam za drzwi. Wrócił nazajutrz, ale nic nie pamiętał. Wtedy już wiedziałam, że nie udaje demencji, więc miałam wyrzuty sumienia z powodu tej napaści. Tata zamienił się w smętnego, bezrobotnego klauna. Profesjonalny kłamca musi mieć doskonałą pamięć; łgarz z demencją — to zwykła kpina. Ale mnie nie było do śmiechu. Nie o chodziło to, że oszukuje, bo już dawno przestałam mu ufać. „Daj piątaka — mawiał. — Muszę oddać Oscarowi". Oscar nie żył od ponad roku. Z nową sytuacją trudniej się było pogodzić, ponieważ wychodził zobaczyć się z przyjaciółmi, którzy umarli, święcie przekonany, że żyją. A ci, którzy żyli, udawali, że go nie znają. Nawet jego dzieci przechodziły na drugą stronę ulicy, żeby uniknąć spotkania. Kiedyś wyjrzałam przez okno i zobaczyłam go siedzącego samotnie na ławce. Wyglądał tak żałośnie, że mało mi serce nie pękło. Rozpłakałam się. W pierwszym odruchu chciałam go zaprosić do środka i wysłuchać paru kawałów, ale w porę sobie uświadomiłam, że skończy to się równie okropnie, jak zawsze. Wiedziałam, że w najlepszym razie znów zmieniłby się w megalomana o gołębim sercu, bo zwyczajnie nie wiedział, jak być kimś innym. Starzec przybierający pozę skrzywdzonego chłopca to koszmarny widok. Zmarnowane życie. Im dłużej siedział tam samotnie, tym bardziej płakałam. Kiedy zachowywał się jak dupek, nie byłam zaskoczona ani zdziwiona. Ale kiedy przysłał mi kartkę z krótkim „Kocham Cię"... T e g o już za nic nie mogłam pojąć. Chciałam wynieść się ze świata, w którym on żyje. Przebywanie na tej samej planecie było po prostu zbyt bolesne.

ŚWIAT PEŁEN ŚMIECHU

Po śmierci taty mama stała się inną osobą. Przestała zachowywać się jak dziecko. Ojciec nas wszystkich infantylizował i wiem, dlaczego tak bardzo chcieliśmy dorosnąć — on panicznie bał się świata dorosłych. Z pomocą Dawn, jej głuchej przyjaciółki, nauczyła się większej samodzielności i nie była już zdana na mnie. Nie czułam więc ciężaru odpowiedzialności, ale mój stan psychiczny od miesięcy był niestabilny. Raz w górę, raz w dół. Raz w górę, raz w dół na psychologicznym bungee. Depresja maniakalna ma to do siebie, że kiedy człowiek już się z niej wykaraska, musi stawić czoło całej masie nieprzyjemnych konsekwencji zaburzonej oceny sytuacji. W moim przypadku najgorsza była niechciana ciąża i aborcja.

Z powodu głębokiej depresji jako dwudziestolatka byłam raczej aseksualna. Wraz z poprawą zdrowia psychicznego, wrócił też popęd płciowy, ale z uwagi na śluby buddyjskie, które złożyłam, żyłam w celibacie. Był też inny powód: jestem biseksualistką i uznałam, że to skomplikowałoby moje i tak pokręcone życie. Chciała się skupić na pisaniu, więc nie angażowałam się w żadne związki. Za to w fazie hipomaniakalnej lub maniakalnej myślałam w y ł ą c z n i e o seksie. Wtedy dzwoniłam do moich „ex" lub podrywałam nieznajomych.

Czwartego listopada 2000 roku wybrałam się na pokaz fajerwerków i byłam niezwykle podekscytowana. Feeria barw i głośne wybuchy sprawiły, że serce zaczęło mi bić szybciej, a mój rozum odleciał. Spędziłam noc z facetem, którego tam poznałam.

Dolly Sen

Kilka tygodni później mój rozum powrócił do bazy i pożałowałam tego incydentu. Wpadłam w paskudną depresję — nienawidziłam się za to, co zrobiłam. W Nowy Rok dostałam mdłości i zorientowałam się, że przybrałam na wadze. Czułam metaliczny posmak w ustach. Wcześniej nie podejrzewałam, że mogę być w ciąży, bo w 2000 roku w ogóle rzadko miewałam okres, a poza tym użyliśmy prezerwatywy. Dopiero gdy obejrzałam w telewizji program o wczesnych symptomach ciąży, przemknęło mi przez myśl, że to właśnie t o. Nazajutrz kupiłam w drogerii test ciążowy. Musiałam na niego nasiusiać i zaczekać kilka minut, żeby się przekonać, czy zmienił kolor; zmienił po kilku sekundach. Byłam w szoku, miałam pustkę w głowie, nie wierzyłam własnym oczom. Następnego dnia powtórzyłam test — znów był pozytywny. Płakałam chyba do wieczora. Co, u diabła, mam zrobić?

Dzień później zwierzyłam się Chrisowi. Spytał, co zamierzam. Nie wiem, odparłam.

„Musisz szybko podjąć decyzję, Dolly".

„Czy leki, które biorę, mogły uszkodzić płód?" — zapytałam.

„Niewykluczone. Prozak jest bezpieczny, ale Kwetiapina to stosunkowo nowy środek i jeszcze nie znamy wszystkich skutków ubocznych. Idź do domu i przemyśl to sobie".

Poszłam więc do mamy i zaczęłam rozmyślać. Miałam osobne mieszkanie. Serce mi mówiło, żeby urodzić, ale rozum się buntował: „Jesteś wariatką!". I wtedy zabrzęczał domofon. To był tata. Nie miałam ochoty z nim rozmawiać, więc nie wpuściłam go. Drzwi do budynku musiały być

ŚWIAT PEŁEN ŚMIECHU

jednak niezamknięte, bo chwilę później ojciec był już na naszej klatce. Wcisnął dzwonek i przytrzymał go przez bite trzy-cztery minuty, doprowadzając do szału psy, a mnie tym bardziej. „Błagam, idź sobie" — zaklinałam go przez drzwi.

Nie poszedł. Zamiast tego zaczął się dobijać, bełkocząc: „Wpuść mnie!".

„Cicho bądź! Cicho bądź!" — krzyczałam.

„KURWA, WPUŚĆ MNIE!".

W tym momencie podjęłam decyzję: usunę ciążę. Za skarby świata nie dopuszczę, żeby kolejna istota ludzka żyła w takich warunkach. Wszystko przemawiało przeciwko — mieszkałam w kawalerce, nie było tam dość miejsca dla nas obojga; mogłam się ubiegać o większe mieszkanie, ale co bym zrobiła, gdyby było na najwyższym piętrze wieżowca albo w niebezpiecznej dzielnicy? Nadal miałam kliniczną depresję i nie widziałam światełka w tym tunelu. Miałam długi. I przede wszystkim nie wyobrażałam sobie wychowywania dziecka i ciągłego użerania się z ojcem. W tym czasie jeszcze nikt mi nie pomógł w jego sprawie. Poza tym brałam nowe leki, których wpływ na rozwój płodu był nieprzewidywalny.

Powiedziałam Chrisowi o swojej decyzji. Odparł, że cokolwiek postanowię, mogę liczyć na jego wsparcie. „Powinnaś jeszcze porozmawiać z mamą" — doradził.

„To nie ma sensu. Ona nie uznaje aborcji".

„Dlaczego? Jest katoliczką?".

„Nie, ale ma pięcioro dzieci z szaleńcem. Na pewno nie uznaje aborcji".

Dolly Sen

Nie byłam całkiem nieświadoma sporu, który toczyli zwolennicy i przeciwnicy aborcji. Obie strony jednak mnie do siebie zraziły. Zawsze miałam poczucie, że tak naprawdę nikogo nie obchodzi los ciężarnej kobiety i jej dziecka, a ważne jest tylko zdeprecjonowanie przeciwnika. Gdzie mogła znaleźć praktyczne wsparcie kobieta, która chciała urodzić, jeżeli jej własne otoczenie to bardzo utrudniało lub wręcz uniemożliwiało? Jeśli myślicie, że od tego jest opieka społeczna, urząd lokalowy czy zakład ubezpieczeń społecznych, to jesteście w grubym błędzie. Miałam wrażenie, że ciężarna kobieta jest tylko pionkiem w ich grze.

Nie byłam zdecydowana, czy chcę urodzić dziecko czy dokonać aborcji. Chciałam powiedzieć mamie, ale nie potrafiłam. Zmagałam się z tym sama, popłakując w ukryciu. Depresja znów przerodziła się w psychozę; nabrałam przekonania, że płód jest opętany. Za pośrednictwem mojego terapeuty zarezerwowałam termin w klinice aborcyjnej. Mama zauważyła, że nie mam apetytu i jestem w kiepskiej formie psychicznej i fizycznej. W końcu zapytała, czy stało się coś złego. Wtedy już nie wytrzymałam i powiedziałam, że jestem w ciąży, ale zamierzam ją usunąć, bo jestem pewna, że leki, które biorę, uszkodziły mózg dziecka. Objęła mnie i uścisnęła. Rozpłakałam się z poczucia ulgi i wdzięczności.

    Mama ma niezwykle silnie rozwinięty instynkt macierzyński i zawsze marzyła o wnukach, ale uszanowała moją decyzję, obdarzając mnie bezwarunkową miłością i wsparciem. Była cudowna, uratowała mnie, kiedy balansowałam na skraju przepaści.

ŚWIAT PEŁEN ŚMIECHU

Pojechała ze mną do kliniki. Dwie godziny później było po wszystkim. Kiedy razem z innymi kobietami siedziałyśmy w sali pooperacyjnej, większość z nich płakała. W pewnym momencie weszła pielęgniarka. „Jeszcze nie przestałyście się mazgaić?" — zapytała.

Według literatury medycznej, większość kobiet zaraz po przerwaniu ciąży odczuwa ulgę i przez kilka pierwszych dni tak właśnie było w moim przypadku. Potem jednak ogarnęło mnie straszliwe, obezwładniające poczucie winy. A jeśli leki wcale nie uszkodziły płodu? A gdyby moja sytuacja życiowa się poprawiła? Co by było gdyby...? Co by było gdyby...?

Nie mogłam się pogodzić z myślą, że pierwsze wnuczę mojej mamy wylądowało w pojemniku na odpadki. Prześladowały mnie halucynacje słuchowe — przemawiał do mnie głos martwego płodu. A potem moja siostra oznajmiła, że jest w ciąży. To była słodko- gorzka chwila. Cieszyłam się szczęściem siostry, ale okropnie jej zazdrościłam, że będzie miała dziecko. Niestety, poroniła. Doszłam do wniosku, że to moja wina, bo pozbywając się swojego, zaburzyłam kosmiczny porządek. Niewiele brakowało, a wpadłabym w kolejną ciężką depresję, ale dzięki medytacji zdołałam jakoś utrzymać się na powierzchni.

A co dzisiaj o tym myślę? Uważam, że powinnam była podjąć ryzyko i urodzić dziecko. Moje obawy okazały się nieuzasadnione. Nadir, mój nowy terapeuta, powiedział, że łatwo jest dokonywać takich ocen z perspektywy czasu, ale wtedy podjęłam słuszną decyzję. Do mojego rozumu to przemawia; jeśli chodzi o moje serce, to całkiem inna historia...

Chris odszedł z ośrodka przy Levin Road; zmienił pracę, gdy byłam w klinice. Zabrakło go akurat wtedy, kiedy najbardziej go potrzebowałam. Ale miało to także swoje plusy. Tylko ode mnie zależało, czy zdołam stawić czoło przeszłości i odnaleźć motywację do dalszego życia. Następcą Chrisa w ośrodku był właśnie Nadir. Miło się z nim rozmawiało i biła od niego zwykła, ludzka życzliwość, więc odetchnęłam z ulgą. W tym momencie nie potrzebowałam terapii — potrzebowałam natomiast konkretnej pomocy w sprawie ojca.

Nie ulega wątpliwości, że przerwanie ciąży stało się najważniejszym punktem zwrotnym w moim życiu. Uświadomiłam sobie, że muszę w nim zmienić to i owo. Przeszłam kurs przyśpieszonego dojrzewania. Nie wierzyłam już w te wszystkie brednie, które opowiada się o depresji. Wiedziałam, że nic mi nie przyjdzie z użalania się nad sobą. Nie mogłam dłużej winić za wszystko mojego otoczenia. Musiałam wziąć odpowiedzialność za własne życie. Musiałam odzyskać szacunek dla samej siebie i zacząć myśleć pozytywnie. Od lat obiecywałam sobie, że zmienię się... jutro. Aborcja dałam mi poczucie, że nie mogę dłużej zwlekać. Koniec opieprzania się. Koniec obwiniania ojca o każde moje nieszczęście. Koniec odkładania wszystkiego na później. Dla dodania sobie otuchy, odmówiłam krótką buddyjską modlitwę: „Teraz jest zrozumienie. Teraz jest życie. Teraz jest miłość. Teraz jest dawanie".

ŚWIAT PEŁEN ŚMIECHU

Zaczęłam regularnie medytować. Zrozumiałam, że moje myśli mają jedynie taką moc, jaką sama je obdarzę; przypływały i odpływały, ale ja się z nimi już nie utożsamiałam. Zrozumiałam, że łatwiej odnieść sukces niż porażkę. Żeby ponieść klęskę, trzeba się bardzo napracować — zainwestować w niepowodzenie całą energię psychiczną, całą duszę. Mantra niskiej samooceny brzmi: „Tego nie potrafię" albo „Tego nie jestem warta". Nie miałam zamiaru dopuścić, żeby w zdaniu, którego wypowiedzenie trwa niecałe trzy sekundy, zamknęło się całe moje życie. Uciekłam się do starej sztuczki — każdy dzień traktowałam tak, jakbym nazajutrz miała umrzeć, i starałam się go wypełnić dobrymi uczynkami. Nie było czasu na obmyślanie, w jaki sposób na kimś się zemścić czy kimś manipulować; wiedziałam, że to bez sensu. Postanowiłam, że jeśli mam zasnąć na łożu śmierci, to z uśmiechem na ustach. Tymczasem jednak zamierzałam powrócić między żywych, tym bardziej, że poprzednia, zmarła już lokatorka mojego mieszkania wciąż dostawała więcej kartek bożonarodzeniowych, niż ja! Byłam zdumiona, odkrywając, jaką egocentryczką się stałam wskutek depresji. Zarazem, im więcej myśli się o sobie, w tym głębszą wpada się depresję. I błędne koło się zamyka. Ponieważ uważałam się za osobę inteligentną, to nie brałam pod uwagę możliwości, że mogę się mylić w samoocenie. Ale człowiek może być wybitnie inteligentny, a jednocześnie emocjonalnie niedorozwinięty — jakby brakowało mu połowy duszy. Walcząc z egocentryzmem, byłam szczęśliwsza. Zostałam wolontariuszką w BookAid, organizacji wysyłającej książki do najbiedniejszych krajów świata; prócz tego pracowałam w Zespole Interwencji Kryzysowej i organizowałam pomoc dla bezdomnych. No i byłam honorowym dawcą krwi. Zaczęłam dobrze myśleć o sobie. Dostrzegłam w życiu coś bardziej fascynującego niż telewizja, gniew i nienawiść. Z zapałem praktykowałam buddyzm. Medytacja łagodziła stres, stałam się spokojniejsza, ale zarazem miałam w sobie więcej energii niż w okresach najostrzejszej manii. Pojęłam bezsens osądzania innych: to nie pomaga ani temu, który jest osądzany, ani temu, kto osądza; więc po diabła? Żeby poczuć władzę?

Byłam zgorzkniała i pokręcona. Na szczęście jednak w końcu się ocknęłam i uświadomiłam sobie, w jakim bagnie się taplam; jak spaskudzę sobie życie, jeśli będę tam tkwiła do śmierci. Nigdy więcej tam nie wrócę. Nie mam złudzeń, że kiedykolwiek będę całkowicie zdrowa, ale po prostu nie mam zamiaru gasić psychotycznego ognia — benzyną.

Co, naturalnie, oznaczało przebaczenie ojcu. To było najtrudniejsze. Pielęgnowałam w sobie poczucie krzywdy; uważałam, że to ono uczyniło mnie tym, kim jestem. Ale pojęłam, że jeśli mu nie wybaczę, to na zawsze przykuję się do cierpienia. Jeśli ktoś sprezentuje nam kupę łajna, to przecież nie musimy jej dźwigać przez resztę życia. Przebaczenie to cudowne uczucie. Napisanie tej książki uchroniło mnie jednak przed zbytnim samozadowoleniem. Nadal jest wiele krzywd, łez i nienawiści, z którymi muszę się uporać. Nie wybaczyłam ojcu w stu procentach, ale nawet osiemdziesiąt to tysiącmilowy krok naprzód. W

ŚWIAT PEŁEN ŚMIECHU

miarę jak przybywało mi lat i sama popełniałam kolejne błędy, coraz lepiej rozumiałam, że nie mam prawa osądzać rodziców. Jak śpiewają The Smith: „Są ludźmi i potrzebują miłości".

Chociaż nie marnuję już życia na planowanie i usiłowanie zabójstwa lub samobójstwa, to wciąż rozpiera mnie energia, której muszę dać jakieś ujście. Ale jestem zbyt niezdyscyplinowana i codzienna praca od siódmej do piętnastej to dla mnie za duże wyzwanie. Osoby, które długo zmagały się z chorobą psychiczną, a potem wkraczają w okres względnie dobrego samopoczucia, uświadamiają sobie, ile straciły. Przejście z szaleństwa do normalności to przejście z jednego świata do innego — wcale niełatwe przejście. Na przykład, trzeba się czymś zająć, skoro nie walczy się już z demonami. To bardzo dziwne uczucie, kiedy zdrowa psychicznie osoba ma wspomnienia szaleńca. Czułam się, jakbym śniła, ale czasem normalność była jak brzytwa zamiast poduszki. Odkryłam, że mogę się ukryć w swojej chorobie, uciec ze świata, który mnie przeraża, nudzi i robi w balona. Nie liczyłam, że stanę się częścią społeczeństwa. Dawno już się z tym pogodziłam. Ale kiedy wróciłam do życia, odrzucenie przez społeczeństwo i poczucie własnej bezwartościowości zaczęło naprawdę boleć. Wzbudzałam albo litość, albo lęk. W Wielkiej Brytanii toczy się dyskusja, czy ludzi z ciężkimi zaburzeniami osobowości nie powinno się izolować, nawet jeśli nie popełnili żadnego przestępstwa. Potworna perspektywa. Mam świadomość, że to może mnie dotyczyć. Mogę zostać pozbawiona możliwości zmieniania się na lepsze i dojrzewania. Mogę zostać wpakowana do wariatkowa za to, że molestowana w dzieciństwie, nie umiałam sobie z tym poradzić. Okazuje się, że wyjściem z sytuacji nie jest poprawa systemu opieki i leczenia, lecz izolowanie chorych. Mówiąc o poprawie leczenia, mam na myśli nie tylko nowe środki farmakologiczne, skuteczniej leczące zaburzenia psychiczne, ale również terapię psychologiczną i pomoc społeczną. Jestem pewna, że koncerny farmaceutyczne to niesłychanie wpływowe instytucje. Jednak procent morderstw popełnianych przez osoby chore psychicznie jest przecież marginalny. Bardziej prawdopodobne, że zabije was przypadkowy bywalec pubu, ale nikt nie domaga się zamknięcia pubów, choć alkoholizm pociąga za sobą olbrzymie koszty społeczne. To wiele mówi o ignorancji i hipokryzji społeczeństwa w stosunku do chorych psychicznie.

W dzieciństwie lubiłam klocki Lego, bo z nich można tylko budować; z tej samej przyczyny lubię słowa, poezję katatoników. Stałam się kimś w rodzaju artystki-partyznatki: piszę wiersze, powieści, scenariusze, piosenki, opowiadania, publicystykę; maluję, rysuję, gram, śpiewam, komponuję; jestem fotografem i reżyserem, wydawcą i grafikiem, projektantką T-shirtów i stron internetowych. Mam wymieniać dalej? Twórczość to dla mnie być albo nie być. Używam sztuki, żeby utrzymać w ryzach nadmiernie wybujałe życie.

Starałam się, jak mogłam, żeby odtąd moje życie formowały dusza i serce, a nie odruchy i nawyki wykształcone w dzieciństwie. Podnosiłam sobie poprzeczkę. Zrozumiałam, że poddawanie się

ŚWIAT PEŁEN ŚMIECHU

lękowi przemienia każdą chwilę duszy w szambo. Jeśli nie staram się przezwyciężyć lęku, coraz głębiej się w nim pogrążam. Wiedząc, że muszę rozwijać swoje umiejętności społeczne, zaczęłam rozmawiać z ludźmi. Kiedyś stałam na przystanku autobusowym przed szpitalem w Lambeth razem z jakąś starszą kobietą. Zapytałam, jak długo już czeka. „Pół godziny — odparła. — Mieszkam w tej dzielnicy czterdzieści lat i mam wrażenie, że pół życia spędziłam, czekając na autobus". Roześmiałam się i zaczęłam wypytywać o jej życie w Londynie. Rozmawiałyśmy pół godziny o naszych rodzinach i naszym mieście. Kontynuowałyśmy pogawędkę w autobusie. Kiedy obie wysiadałyśmy przy stacji metra w Brixton, staruszka uścisnęła moje ramię i powiedziała: „Dziękuję, że tam byłaś. Bardzo tego potrzebowałam". Byłam naprawdę wzruszona. I wiedziałam, że zrobiłam krok w dobrym kierunku. Moją fobię społeczną przezwyciężam, skacząc na głęboką wodę: prowadząc wykłady i spotkania autorskie; relaksuję się, uprawiając jogę i medytację. Założyłam dziennik i staram się go zapełniać pozytywnymi doświadczeniami. Wszystko, co się bałam zrobić w przeszłości, teraz po prostu... robiłam. Sęk w tym, żeby wiedzieć, kiedy przestać rozmyślać, a zacząć działać. Dołączyłam do lokalnej wspólnoty buddyjskiej. Spędziłam kilka weekendów na naukach w klasztorze Amaravati. Dałam parę koncertów w Brixton Academy, razem z zespołami Placebo i The Dandy Warhols. Dużo podróżowałam. Kiedy czułam, że czegoś się boję, mówiłam sobie: „Zrób to albo spadaj na drzewo; dość odkładania wszystkiego na później". Dzięki tej zasadzie moją kreatywność pokonywała kolejne bariery. W 2001 roku napisałam chyba około miliona słów, w tym dwie nowele. Uruchomiłam małe wydawnictwo pod nazwą Hole Books i opublikowałam moją pierwszą książkę, *Eloquent Catatonia*, która przez wiele miesięcy dobrze się sprzedawała. Nauczyłam się języka HTML i zaprojektowałam kilka stron internetowych, w tym własnego wydawnictwa. Ponownie zaczęłam chodzić na warsztaty w Kennington, gdzie projektowałam kartki świąteczne, kalendarze i broszury, rozwijając umiejętności przydatne w profesjonalnym edytorstwie. W ośrodku w Lambeth uczestniczyłam w zajęciach prawie wszystkich grup terapeutycznych. Lekcja karate i pływania okazały się fantastyczną rozrywką.

Powiększyła się moja kolekcja tatuaży. W naszej rodzinie tę modę zaszczepiła mama. Nie chciałam dopuścić, żeby miała więcej tatuaży ode mnie i na lewym ramieniu zrobiłam sobie frunącego ptaka na tle słońca. Koniec z sercem na dłoni i bliznami na nadgarstkach — swoją duszę chciałam wyrazić w tatuażach. Łatwo poznać, które zrobiłam w manii, a które w depresji. Na moim prawym nadgarstku widnieje uśmiechnięty ghul w gotyckim ornamencie. Mam wrażenie, że każdy, kto go zobaczy, robi wielkie oczy i dyskretnie się ode mnie odsuwa. Na prawym ramieniu mam trupią czaszkę, również w gotyckim ornamencie.

Natomiast po mojej „dobrej stronie" — to znaczy, na lewym ramieniu — widnieje wspomniany ptak. Piosenka *I'm like a bird* Nelly Furtado to mój prywatny hymn. Na tym samym

ŚWIAT PEŁEN ŚMIECHU

ramieniu mam jeszcze jedno, większe słońce, a lewym nadgarstku — Om, hinduski symbol pierwszego dźwięku wszechświata. Miałam zamiar poprzestać na dwudziestu tatuażach, ale na mojej liście prezentów pod choinkę na rok 2002 znalazł się zestaw do tatuowania. Być może zajmę się tym zawodowo. Kiedyś zażartowałam, że jako Kobieta z Tysiącem Tatuaży mogłabym występować za pieniądze w wesołym miasteczku. Kenny przytomnie zauważył, że mogłabym być również Kobietą Słoniem i Kobietą z Brodą.

Pewnego dnia odpłacę mu pięknym za nadobne...

Moje życie jakoś się układało, ale nie mogłam przestać myśleć o tacie.

Dwa razy załatwiłam mu przyjęcie na odwyk. Dwa razy wyszedł na własną prośbę. Wreszcie, za radą mojego terapeuty, wysłałam list do psychiatry ojca. Napisałam, że mam dosyć. Że ojciec się zabija, a ja muszę na to patrzeć. Że może byłoby lepiej, gdybym przestała mu pomagać, żeby szybciej umarł, uwalniając siebie i mnie od niepotrzebnych cierpień.

Sądziłam, że list nie odniesie żadnego skutku, ale na szczęście się pomyliłam. Tata znów trafił do szpitala, ale tym razem nie wolno mu było go opuścić. W lecznictwie psychiatrycznym nic nie jest proste i oczywiste. Byłam stuprocentową przeciwniczką leczenia przymusowego, ale tylko do czasu, kiedy zamknięcie w szpitalu nie uratowało życia mojemu ojcu. Nie mam cienia wątpliwości, że w przeciwnym wypadku już by nie żył.

Dolly Sen

Był w takim stanie, że przez pierwsze cztery, pięć dni nawet nie zorientował się, że jest w szpitalu. Zabrali jego cuchnące łachy i kazali mu się wykąpać. Zrobili mu badania wątrobowe, które wykazały marskość spowodowaną nadużywaniem alkoholu. Po dwóch tygodniach ojciec stwierdził, że czuje się lepiej i chce wracać do domu. Lekarz się nie zgodził. Dyżurny psychiatra spytał tatę, czy ma problemy z piciem. Tata odegrał zwyczajowy rytuał zaprzeczeń i obietnic poprawy, ale kiedy tylko lekarz wyszedł, poprosił mnie, żebym mu przeszmuglowała kilka browarów. Wiem z własnego doświadczenia, że życie szpitalne jest potwornie nudne, a ojciec w dodatku był najmłodszym pacjentem na oddziale psychiatrii geriatrycznej, co go szalenie deprymowało. Co gorsza, kilka starszych dam upatrzyło go sobie na egzotycznego kochanka! Tak więc, na spacerach pełniłam rolę jego przyzwoitki. Pewnego razu poprosił, żebym weszła do spożywczaka po paczkę chipsów. Kiedy wyszłam ze sklepu, okazało się, że tata jest w sąsiednim monopolowym i kupuje alkohol. Bardzo mnie to zmartwiło, lekarze powiedzieli, że jeśli dalej będzie pił, jak dotąd, nie przeżyje roku, ale na nim to nie zrobiło żadnego wrażenia. Zagroziłam, że jeżeli wypije choćby kroplę, to przestanę się nim zajmować. „Tylko tak mówisz — stwierdził. — Jesteś na to za miękka".

„Pieprz się!" — chciałam zawołać. Nie wiedziałam, co począć. Wróciłam do domu i zaczęłam się zastanawiać. Medytowałam nad współczuciem i doszłam do wniosku, że nie chodzi o to, żeby pozwolić się innym wykorzystywać albo pomagać im w autodestrukcji. Współczucie dla

ŚWIAT PEŁEN ŚMIECHU

wszystkich istot musi przecież obejmować także nas samych. Tak więc, powiadomiłam ojca, co postanowiłam. Jeśli będzie trzeźwy, będę go odwiedzać i mu pomagać. Jeśli będzie pijany, nawet się do niego nie odezwę. „Dobra, dobra" — burknął, nie wierząc, że spełnię groźbę. Ale ja miałam zamiar dotrzymać słowa. Ucieszyłam się, kiedy opieka społeczna załatwiła mu miejsce w domu starców dla Azjatów, gdzie miał ograniczony dostęp do pieniędzy, co sprawiło, że mniej więcej rok był trzeźwy. Kiedy piszę te słowa, w sierpniu 2002 roku, znów go nosi i chce wrócić do swojego mieszkania, co zwiastuje stare kłopoty. Nam zależy, żeby miał właściwą opiekę; on chce umierać na raty, które będzie spłacać cała rodzina. Z ojcem zawsze będą problemy, ale takie jest życie, najczęściej słodko-gorzkie. Czasem wydaje się kiepskim żartem, ale ja się już nauczyłam z niego śmiać.

Depresja maniakalna nie minęła. Nadal codziennie słyszę głosy, ale staram się od nich uniezależnić. Pomimo mojej metamorfozy, wciąż miewam ostre epizody. Najgorszy dopadł mnie w marcu 2002 roku w czasie podróży do Indii. Planowałam spędzić tam dwa tygodnie i odwiedzić Delhi, Bombaj, Agrę, Varanasi oraz buddyjskie święte miejsca w Bodh Gaya. Zarezerwowałam przelot liniami kuwejckimi z przesiadką w Kuwait City. Miejscowy port lotniczy lśnił nieskazitelną czystością. Czekając na samolot, obserwowałam sprzątaczy odzianych w jednakowe uniformy, krążących z mopami po hali odlotów i pracowicie szorujących posadzki, w których można się było przejrzeć jak w lustrze.

Podczas lotu z Kuwejtu do Delhi patrzyłam, jak wstaje dzień nad górami, pustyniami i bujną zielenią — był to jeden z najpiękniejszych widoków, jakie zdarzyło mi się podziwiać — słońce powoli wyłaniało się spoza złotych obłoków. Kiedy jednak zbliżaliśmy się do Delhi, burza zaciemniła niebo. Prawie nie było widać ziemi, tylko parę migających światełek. Spojrzałam na monitor informacyjny: znajdowaliśmy się zaledwie parę minut i kilometrów od lotniska, a jednak odniosłam wrażenie, że jeszcze blisko godzinę krążyliśmy nad miastem. Kapitan samolotu wkrótce to potwierdził. Poinformował, że z powodu złych warunków pogodowych wylądujemy nie w Delhi, lecz w Bombaju. Pasażerowie zaczęli protestować. Ja się nie odzywałam, ale trochę się martwiłam o moją rezerwację pokoju w hostelu.

Po wylądowaniu w Bombaju dowiedzieliśmy się, jaka była prawdziwa przyczyna zmiany lotniska. W Delhi z powodu mgły rozbił się rządowy helikopter z jednym z ministrów na pokładzie; wszyscy zginęli. Z początku zapowiadano, że przerwa w podróży potrwa kilka godzin. Kiedy stało się jasne, że dłużej, linie lotnicze umieściły nas w miejscowym hotelu.

Droga z lotniska do hotelu tonęła w kurzu i brudzie. Powietrze przenikał smród krowiego łajna. Z całego miasta zapamiętałam tylko palmy i ubóstwo. W hotelu zjadłam coś i się umyłam. Potem

ŚWIAT PEŁEN ŚMIECHU

zadzwoniłam do hostelu YHA w Delhi, gdzie miałam rezerwację i powiedziałam, co się stało, prosząc, żeby nadal trzymali dla mnie pokój. Kobieta po drugiej stronie zapewniła, że nie ma problemu. Kiedy jednak w końcu tam dotarłam, okazało się, że pokój jest zajęty. Powiedziano mi, żebym wróciła rano, na pewno coś się zwolni.

„Jest druga nad ranem — zaprotestowałam.
— Co mam robić przez całą noc?".

Nie potrafili mi pomóc... Wyszłam z hotelu, klnąc na czym świat stoi. Zatrzymałam taksówkę i poprosiłam kierowcę, żeby zawiózł mnie do dzielnicy tanich hoteli. Pojechaliśmy do Karol Bagh. W piątym kolejnym hotelu mieli wolne pokoje. Od razu się położyłam.

Wydarzenia minionego dnia wytrąciły mnie z równowagi. Nie mogłam zasnąć. Wzięłam prysznic i zaczęłam gapić się przez okno, z którego rozciągał się widok na brudną ulicę i plac zabaw z zepsutą karuzelą. Rano poszłam do informacji turystycznej, która jednak okazała się nie informacją, lecz biurem podróży, usiłującym oskubać mnie z pieniędzy. Ostatecznie wynajęłam na cały dzień kierowcę-przewodnika, żeby obwiózł mnie po najciekawszych zakątkach starego i nowego Delhi. Odwiedziłam świątynie hinduskie, targowiska, Czerwony Fort i Darshan Gandhiego — to była najciekawsza część wycieczki; stojąc nad zniczem w miejscu, w którym skremowano ciało Mahatmy, byłam szczerze wzruszona. Potem kierowca zawiózł mnie do parku małp, gdzie karmiłam je owocami. Na koniec poszliśmy razem do baru na wegetariańskie curry. Wieczór

Dolly Sen

spędziłam, spacerując po mieście. Podziwiałam rusztowania zbudowane z bambusa, a nie ze stalowych rurek. Widziałam rikszarzy i taksówkarzy śpiących w swoich pojazdach, które najwyraźniej były też ich domami. Nędza i brud przechodziły wszelkie wyobrażenia, a mam nienajgorszą wyobraźnię. Jedno i drugie sprawiało mi ból, zarówno fizyczny, jak psychiczny. Nagle usłyszałam głos Gandhiego, który polecił mi wspomóc ubogich, więc zaczęłam rozdawać pieniądze, same banknoty sturupiowe. Pewien stary żebrak mało nie dostał zawału. Wkrótce zwiedzieli się o tym inni żebracy i otoczył mnie gąszcz łachmanów, wyciągniętych rąk i uśmiechów. Rozdałam wszystko, co miałam przy sobie. Z jakiegoś powodu — kurz? niewyspanie? infekcja? — dostałam napadu okropnego kaszlu. Ledwo żywa wróciłam do hotelu.

Na szczęście nie wzięłam ze sobą wszystkich pieniędzy. Część zostawiłam w hotelu. Stwierdziłam jednak, że nie wystarczy ich na dwa tygodnie, więc zadzwoniłam do Kenny'ego, mojego brata, żeby mi przesłał jakąś okrągłą sumkę. Potem się położyłam.

Znowu nie dane mi było zasnąć. Przez większość nocy zza okna dobiegała głośna muzyka i radosny gwar uroczystości weselnych. Przez kilka godzin po ulicy maszerowała to w tę, to z powrotem staromodna orkiestra dęta. Miałam ochotę ich zamordować.

Rano więc byłam w kiepskiej formie, zarówno fizycznej, jak psychicznej. Piekielnie bolała mnie głowa, kasłałam jak opętaniec, miałam

ŚWIAT PEŁEN ŚMIECHU

niezwykle realistyczne halucynacje słuchowe i wzrokowe. Nie mogłam jednak usiedzieć na miejscu. Pojechałam do Agry, zwiedzić Tadż Mahal i inne zabytki. Byłam tak nakręcona, że nie robiłam zdjęć. Byłam pewne, że wystarczy pomyśleć o widoku i mrugnąć oczami, a pojawi się on na kliszy.

Wróciłam do Delhi, żeby odebrać pieniądze od Kenny'ego. Po czterech dniach bezsenności i palącego słońca zaczęłam okropnie tęsknić za domem i prześladowała mnie myśl, że stałam się zła i nie zostanę już wpuszczona do Wielkiej Brytanii. Pojechałam do biura Kuwait Airways, żeby zmienić powrotną rezerwację na wcześniejszą. Ustawiłam się w długiej kolejce. Kilkoro Europejczyków przede mną również chciało wcześniej wracać (w tym czasie w Indiach doszło do licznych aktów przemocy na tle religijnym), ale powiedziano im, że mogą się tylko wpisać na listę oczekujących. To mnie nie zniechęciło. Stanowczym tonem oznajmiłam pracownicy linii lotniczych, że muszę wracać do Anglii n a t y c h m i a s t.

Odparła, że nie ma miejsc. Na to ja: „W porządku, ale czy w takim razie mogłabym wejść na dach państwa siedziby, żeby skoczyć i w ten sposób polecieć do domu?".

Biedna kobieta wyglądała na przerażoną. Wyjąkała, żebym zadzwoniła za parę godzin.

Tak też zrobiłam. Znalazła jedno miejsce w samolocie, który odlatywał w nocy. Odprawa miała się zacząć od drugiej nad ranem, ale taksówkę na lotnisko zamówiłam na dziewiątą wieczór. Na całe szczęście, bo w drodze mieliśmy niegroźny

Dolly Sen

wypadek. Pomogłam kierowcy dopchać samochód do indyjskiej wersji pomocy drogowej — trzech bezdomnych mechaników śpiących na poboczu razem ze swoim psem. Naprawili uszkodzenie i wymienili tylne koło. Czekając, karmiłam psa popcornem. Na lotnisko dotarliśmy około północy.

Przez cały lot czułam się fatalnie — męczył mnie kaszel, miałam wzdęcia i halucynacje. Nad wejściem do „rękawa" prowadzącego do samolotu znajdowała się tablica z napisem, który — teraz jestem tego n i e m a l pewna (nigdy nie jestem niczego pewna w stu procentach) — głosił: „Życzymy szczęśliwej podróży". Wtedy jednak przeczytałam: „Życzymy szczęśliwej śmierci". Okay, pomyślałam, dzięki za życzenia. Sądziłam, że samolot zabierze mnie do nieba. Zamiast tego zabrał mnie na Heathrow. Sikh, który siedział obok mnie, wykazał się anielską cierpliwością. Mógł się poskarżyć stewardesie na moje zachowanie, albo po prostu się przesiąść. On jednak starał się dodać mi otuchy, opowiadał historyjki o swojej rodzinie i troszczył się, żeby nie zabrakło mi wodę. Ot, „zwyczajna" ludzka życzliwość...

Jak z ciężkim plecakiem dotarłam z Heathrow do Streatham Hill — nie pamiętam. Mam wrażenie, że nie byłam w stanie nawet iść po linii prostej. W mieszkaniu mamy opadły mnie cztery rozemocjonowane, uszczęśliwione psy. Nareszcie w domu! Mało się nie popłakałam z radości. Uściskałam się z mamą i bratem. Mama się zmartwiła, że jestem taka blada. „Myślałam, że wrócisz opalona na heban, a jesteś bledsza ode

ŚWIAT PEŁEN ŚMIECHU

mnie". Kazała mi się natychmiast położyć do łóżka, gdzie spędziłam trzy następne dni, dochodząc do siebie.

Nie żałuję jednak tych wakacji, nie żałuję mojego życia. Nie utożsamiam się już z moją chorobą. Nadal daje mi się we znaki, ale pogodziłam się z tym. Stała się nieodłączną częścią mojej twórczości. Jestem nawet jej wdzięczna, bo jest wspaniałą nauczycielką: nauczyła mnie pisać i unikać samozadowolenia. Nauczyła mnie być tym, kim dziś jestem.

Niedawno kupiłam sobie rower — rower, o którym marzyłam w dzieciństwie. Minęło ładnych parę tygodni, zanim nauczyłam się jeździć. Pewnego dnia nagle śmignęłam moją ulicą, bez wywrotki. „Jahuuuuuu!" — krzyczałam. Nie mogłam się powstrzymać od śmiechu.

Dolly Sen

Epilog

Mam nadzieję, że w tej książce wyłożyłam kawę na ławę. Wiem, że szczerość bywa okropnie bolesna. Ale mam dość pieprzonych tajemnic, które toczą mnie jak rak od środka. Poznałam moc kłamstwa, które na pozór czyni życie łatwiejszym. W dłuższej perspektywie to jednak nie jest prawdziwe życie, a tylko powiastka, w którą nawet własna dusza nie do końca wierzy. Myślałam, że nigdy nie zdołam napisać książki, która zacznie się od „Dawno, dawno temu...", a skończy na „... żyli długo i szczęśliwie". Ala ta książka nie jest pożegnalnym listem samobójczyni. Kiedy ją ukończyłam, miałam nieodparte poczucie, że napisałam ją, żeby uczcić swoje życie i, niech mnie licho, naprawdę mam zamiar je uczcić!

Nie wstydzę się niczego, co się wydarzyło w moim życiu i nie mam czasu dla ludzi, którzy lubią innych zawstydzać. Ale czy pisząc tę książkę, sama nie zraniłam ojca? Po prostu nie chciałam, żeby była to zakłamana opowieść o szczęśliwej rodzinie. Moje rodzeństwo jakoś radzi sobie w życiu, ale w ich oczach czai się cierpienie. Nie mogę udawać, że tego nie widzę.

Wiem, że prawda jest dla taty niezwykle bolesna, a jego demencja stała się mechanizmem obronnym umysłu, który za nic nie chce poznać samego siebie. Przykro mi, tato, że ta książka Cię rani, ale mam już dosyć kłamstw. Kochami Cię i życzę Ci, żebyś odnalazł spokój ducha.

ŚWIAT PEŁEN ŚMIECHU

Chciałabym, żebyś tego samego życzył swoim dzieciom.

Apendyks

WCZESNE SYMPTOMY MANII

* Za mało snu — U mnie to pierwszy zwiastun fazy maniakalnej. Z ośmiu godzin snu dziennie, schodzę do godziny, dwóch, a czasem w ogóle nie śpię. Nawet jeśli przysnę, to bardziej to przypomina marzenia na jawie niż sen. Natłok myśli i pomysłów każe mi sądzić, że życie jest zbyt krótkie, aby je przesypiać. Mam poczucie, że ode mnie zależą losy całego świata. Wszelki bezruch kojarzy mi się wyłącznie z kaftanem bezpieczeństwa.

* Widzenie świata jak w zwolnionym filmie — Wszystko poza mną wydaje się niesłychanie spowolnione. Wściekam się na rodzinę siedzącą przed telewizorem, mam do nich pretensję, że nie chcą zmieniać świata, jestem załamana, jeśli nie uda mi się w pięć minut wysprzątać całego mieszkania. Mam wrażenie, że ja frunę w powietrzu, a reszta świat brodzi w wodzie.

* Robienie mnóstwa planów — Codziennie mogłabym zapełniać cały notatnik nowymi projektami. Moje aktualne plany to: napisać i wydać jednocześnie pięć książek; skoczyć ze spadochronem w ramach akcji charytatywnej; zacząć pracę w charakterze wolontariuszki w piętnastu różnych organizacjach; rozkręcić firmę

Dolly Sen

sprzedającą T-shirty z nadrukami; przejechać pociągiem całą Kanadę; zdobyć jakiś górski szczyt, namalować obraz, zapisać się do amatorskiego kółka teatralnego, wyreżyserować film... Mam wymieniać dalej?

* Rozrzutność — Wpadam w długi, próbując ocalić świat za pomocą karty kredytowej.

* Poczucie wyższości — Patrzę na innych, jak królowa na poddanych, jak reżyser na statystów.

* Ryzykowne prowadzenie samochodu — Na szczęście, nie mam prawa jazdy. Gdybym miała, to pewnie wdusiłabym gaz do dechy i zatrzymała dopiero w Rosji.

* Wzmożony apetyt — No i dorobiłam się tyłka jak szafa...

* Robienie wielu rzeczy jednocześnie / niemożność bezczynności — Mama i siostra robią wszystko „linearnie": najpierw jedno, potem drugie. Na przykład, najpierw piją herbatę, potem prasują, a następnie oglądają telewizję. Nie rozumiem, dlaczego nie mogą jednocześnie pić herbaty, prasować, oglądać telewizji, pisać wiersza i rozmawiać przez telefon.

* Irytacja/ łatwość wpadania w gniew — Zostawcie mnie w spokoju! Zejdźcie mi z drogi!

* Natłok myśli — Myśli walczą ze sobą o pierwszeństwo; szybko tracą sens.

ŚWIAT PEŁEN ŚMIECHU

* Niewłaściwe zachowanie — Przytulanie staruszek na przystankach autobusowych labo łapanie kogoś za tyłek jest, jak mnie poinformowano, zachowaniem niewłaściwym.

* Wydzwanianie po ludziach bez żadnego powodu — Na szczęście dla moich bliskich i znajomych, nie miewam z tym problemu (bo sądzę, że telefon jest na podsłuchu...).

* Wysoka wydajność pracy/ wzmożona kreatywność — W tydzień napisałam setkę wierszy, w niecały miesiąc — nowelę. W ciągu roku napisałam ponad milion słów.

* Większa aktywność seksualna — Całą siłą woli muszę się powstrzymywać przed dobraniem się do tyłka jakiegoś biedaka czy jakiejś biedaczki; jestem biseksualistką, więc cały świat stoi przede mną otworem.

* Trudności z koncentracją — Czasem potrzebuję kilku godzin, żeby przeczytać jedną stronę. Lista zakupów zmienia się w list pożegnalny. Torturą jest wysiedzenie do końca filmu.

* Przymus pisania — Czasem wydaje mi się, że mogę napisać powieść w jeden dzień.

* Przypływy energii — W porównaniu z nimi działanie amfetaminy to małe piwo.

Dolly Sen

* Przymus mówienia — Zwykle jestem bardzo oszczędna w mowie, ale w fazie maniakalnej trajkoczę o wszystkim, co mi wpadnie do głowy, chaotycznie przeskakując z tematu na temat. Wiem, że to właśnie robię, kiedy moja gadatliwa siostra prosi, żebym się zamknęła.

* Wzmożony pociąg do alkoholu — Piję tylko herbatę, wiec to nie mój problem.

* Wrażliwość na hałas — Na ruchliwej ulicy czuję się jak hemofilityczka w fabryce brzytew.

WCZESNE SYMPTOMY DEPRESJI

* Obniżona aktywność — Wszystko wydaje się bezcelowe, nawet myślenie. Czuję taką pustkę w głowie, że nie mogę kiwnąć palcem. Albo myślę: „I tak nie zrobię niczego jak należy, więc po co się wysilać". Myśli i ruchy są tak powolne, że trudno cokolwiek zrobić.

* Niezdecydowanie — Zakupy mogą trwać godzinami, bo stoję nad skrzynką z jabłkami, dumając, czy jeśli kupię dwa jabłka zamiast trzech, to nie będę tego później żałowała.

* Smutek i przygnębienie — Życie jest do bani. Wszystko, na co patrzę, sprawia mi ból i jest wystarczającym powodem do samobójstwa. Otacza mnie ciemność jak żrąca mgła. Treść myśli, które

ŚWIAT PEŁEN ŚMIECHU

rodzą się w mojej głowie sprowadza się do dwóch słów: rozpacz i beznadzieja.

* Drażliwość — Dźwięki, kolory, ruchy — wszystko jest najeżone ostrymi brzytwami. Sama obecność innych ludzi doprowadza mnie do wściekłej furii.

* Nadmierna senność (hipersomnia) lub bezsenność (insomnia) — Skala rozciąga się od dwóch godzin do dwudziestu dwóch. Znam osoby, które śpią po kilka dni, prawie bez przerwy (na wypadek, gdyby pęcherz je mocno przycisnął, trzymają w łóżku butelkę).

* Utrata — hmm... o czym to ja mówię? Acha — koncentracji.

* Wzmożenie lub utrata apetytu — Co za pajac wymyślił, że muszę przełknąć każdy kęs, który pogryzłam? Albo: Mogę jeść, aż pęknę; szkoda, że nie pękłam jak pieprzony balon.

* Zanik poczucia własnej wartości — Niczego nie potrafię zrobić jak należy, jestem bezużyteczną zawalidrogą, jestem tak żałosna, że zasługuję na najgorsze.

* Osłabienie popędu seksualnego — Narządy płciowe przechodzą w stan hibernacji.

* Zaburzenia pamięci — Jak na ironię, zapomniałam, co chciałam napisać.

Dolly Sen

* Myśli samobójcze — Depresja jest takim cierpieniem, że budząc się rano, wiem, że czeka mnie kolejny dzień w piekle. Nasuwa się wtedy logiczne pytanie: jaki to ma sens? Skoro tak właśnie mam się czuć przez resztę życia, to równie dobrze mogę umrzeć.

* Niepohamowany płacz bez wyraźnej przyczyny — Czuję się taka bezradna, że łzy same cisną się do oczu. Wcale nie muszą być wywołane przez jakieś myśli czy emocje.

* Powolność w mówieniu i myśleniu

* Obawy hipochondryczne; ataki lęku lub choroby o charakterze psychosomatycznym — Nieraz byłam pewna, że cierpię na wszystkie śmiertelne choroby, jakie zna medycyna. Czułam się tak fatalnie, że c h c i a ł a m, aby moja choroba była śmiertelna.

* Wrażenie śmierci lub oderwania — To jak przebudzenie się ze śpiączki w szklanej klatce. Świat przestaje być rzeczywisty.

* Halucynacje — Hej, to tylko sztuczki diabła... I znak, że zaczyna się ostra jazda.

Do poprawy stanu zdrowia niezbędne są:

* Leki — takie, które nam najbardziej odpowiadają, a zarazem powodują najmniej skutków ubocznych. Na mój lek wciąż reaguję dwojako. Po latach

ŚWIAT PEŁEN ŚMIECHU

poszukiwań i zmian w końcu znalazłam skuteczny — Kwetiapinę — chociaż to właśnie z jego powodu dokonałam aborcji. Wprawdzie mam okropne wyrzuty sumienia, a oprócz tego przeszkadza mi testowanie leków na zwierzętach oraz polityka koncernów farmaceutycznych, to jednak muszę przyznać, że Kwetiapina przywróciłam mnie do życia. Owszem, próbowała ją odstawić, żeby sprawdzić, czy nadal jej potrzebuję, ale okazało się, że psychoza wcale nie minęła.

* Dobre warunki mieszkaniowe i pomoc społeczna — Kiedy wreszcie udało mi się załatwić mieszkanie, zasiłek i pomoc dla taty, kamień spadł mi z serca. Widzę to po innych osobach cierpiących na schorzenia psychiczne: poprawa sytuacji mieszkaniowej i rodzinnej zawsze skutkuje poprawą stanu zdrowia. Gwarantuję, że chory, który mieszka w zawszonej norze albo ma prywatne piekło w domu, nawet wypisany ze szpitala, szybko do niego wróci.

* Uczenie się i stosowanie technik relaksacyjnych — Od tego zaczął się mój powrót do zdrowia. Po zaledwie kilku miesiącach jogi i medytacji wszyscy, dosłownie wszyscy, dostrzegli zmianę. Mnie samej trudno było uwierzyć, że kiedyś miałam depresję...

* Łagodzenie stresu — Trzymajcie się z daleka od stresujących osób; w moim przypadku to oznaczało, że musiałam być stanowcza w kwestii częstotliwości spotkań z ojcem.

Dolly Sen

* **Najważniejsze: wiara w siebie** — Nasza dusza nie jest sumą tego, co nam się przydarzyło. Jej kondycja zależy od tego, jak na te wydarzenia reagujemy. Zbyt przerażeni, aby żyć, myślicie jedynie o tym, co inni o was pomyślą? Co za marnotrawstwo. Zrozumiałam, że sama jestem odpowiedzialna za moje życie, nikt inny. Obwinianie innych to wygodna wymówka. Ale czy to naprawdę wam pomaga? Czy pomaga osobie, którą obwiniacie? Życie jest zbyt krótkie. Chcecie, żeby wam wyryli na nagrobku: „Wierząc w brednie, nie miałam czasu żyć".

* *Last but not least* — Nauczcie się śmiać z samych siebie. Bycie człowiekiem jest pełne absurdów, a świat jest pełen śmiechu — oby również twojego...

www.ingramcontent.com/pod-product-compliance
Ingram Content Group UK Ltd.
Pitfield, Milton Keynes, MK11 3LW, UK
UKHW041410180426
11947UKWH00007B/50